¡A que sí!
Second Edition

Cuaderno

Repaso gramatical
Práctica escrita
Audio
Respuestas

María Victoria García-Serrano
Emory University

Cristina de la Torre
Emory University

Annette Grant Cash
Georgia State University

HH **Heinle & Heinle Publishers**
Boston, Massachusetts 02116

ITP® A division of International Thomson Publishing, Inc.
The ITP logo is a trademark under license.

Boston • Albany • Bonn • Cincinnati • Detroit • Madrid • Melbourne • Mexico City • New York
Paris • San Francisco • Singapore • Tokyo • Toronto • Washington

Credits

Photo Credits

Unless specified below, all photos in this text were selected from the Heinle & Heinle Image Resource Bank. The Image Resource Bank is Heinle & Heinle's proprietary collection of tens of thousands of photographs related to the study of foreign language and culture.

p. 209 Picasso, Pablo. Guernica, 1937. Museo del Prado, Madrid, Spain. Copyright ARS, NY. Giraudon/Art Resource, NY.

p. 245 DALI, Salvador. *The Persistence of Memory.* The Museum of Modern Art, New York City.

p. 278 POLEO, Hector. *Return into Darkness.* (1947). Oil on canvas, 42 1/8 x 34" (107 x 86.3 cm). The Museum of Modern Art, New York. Gift of the President of Venezuela. Photograph © 1998 The Museum of Modern Art, New York.

p. 282 Photo © Superstock

Text/Realia Credits

p. 110 ANDA ad: Reprinted with permission.

p. 188 Cartoon by Quino: Reprinted with permission.

p. 214 "Infusión incomparable, el té" by Elin McCoy, © *Reader's Digest Selecciones,* December 1997.

p. 224 "Lenguaje sexista", by Feliciano Martínez Redondo, © *El País.*

p. 260 AIDS ad: Reprinted with permission.

p. 266 "Historias de Miguelito" by Romen, reprinted from, *El País,* diciembre 1989 (Madrid).

p. 282 Courtesy of Gimnasio Pasadena.

Illustrations

David Sullivan

Indice

Repaso gramatical

UNIDAD I: Tradición y cambio

PRELIMINARES
1
- El género y el número de los sustantivos **1**
- El género y el número de los adjetivos **2**
- Las preposiciones **3**
- Los pronombres preposicionales **4**

CAPITULO I: El ocio
3
Bares a millares **5**
- El presente de indicativo de los verbos regulares **5**
- El verbo **ser 5**
- El verbo **estar 6**
- Contraste: **ser** y **estar** + adjetivo **6**
- **Haber 7**

Picar a la española **8**
- El presente de indicativo de los verbos irregulares **8**
- **Gustar** y verbos afines **9**

¡Oye cómo va! **10**
- La posición de los adjetivos **10**
- Las expresiones de comparación **12**
- El superlativo absoluto y relativo **13**

CAPITULO 2: Costumbres de ayer y de hoy
14
El mexicano y las fiestas **14**
- Los verbos reflexivos **14**
- **Pero, sino (que), no sólo... sino también 15**

Una fiesta de impacto y de infarto **16**
- Palabras afirmativas y negativas **16**
- La formación del adverbio en **-mente 17**

La santería: una religión sincrética **18**
- El imperfecto de indicativo **18**
- El pretérito de indicativo **18**
- Usos del pretérito y del imperfecto **20**

CAPITULO 3: Temas candentes
22
Una bola de humo **22**
- El futuro simple **22**
- El participio pasado **22**
- El futuro perfecto **23**
- Usos del futuro simple y perfecto **23**

¿Liberalizar la droga? **23**
- El condicional simple **23**
- El condicional perfecto **24**
- Usos del condicional simple y perfecto **24**

La pasión por lo verde **25**
- El presente perfecto **25**
- El pluscuamperfecto **25**
- Los números **25**

UNIDAD II: Contrastes culturales

CAPITULO 4: Así somos

27

La doble fundación de Buenos Aires por Carlos Fuentes **27**
- Las expresiones de comparación: igualdad y desigualdad (segundo repaso) **27**
- El superlativo absoluto y relativo (segundo repaso) **27**

Dime cómo hablas y te diré de dónde eres **27**
- Los interrogativos **27**
- Los exclamativos **28**
- La nominalización de los adjetivos **29**

¡Qué guay! **29**
- Formas del presente de subjuntivo **29**
- El subjuntivo con expresiones de duda y negación **31**
- El subjuntivo con expresiones impersonales **31**

CAPITULO 5: Así nos vemos / Así nos ven

32

Hamburguesas y tequila **32**
- Las expresiones temporales con **hace** **32**

El eclipse **33**
- La **a** personal **33**
- Los pronombres de objeto directo e indirecto **34**
- El pronombre *it* **35**
- **Lo:** uso del pronombre neutro **36**

La historia de mi cuerpo **36**
- **Hay que / tener que / deber (de)** **36**
- Formas y usos del presente perfecto de subjuntivo **36**

CAPITULO 6: Aquí estamos: los hispanos en EE UU

38

¡Ay, papi, no seas coca-colero! **38**
- El imperativo **38**
- El subjuntivo con verbos de deseo y emoción **40**

In Between **41**
- El subjuntivo con verbos de petición y mandato **41**
- Formas y usos del imperfecto de subjuntivo **41**

Nocturno chicano **42**
- Los prefijos **42**
- Los sufijos **44**

UNIDAD III: Los derechos humanos

CAPITULO 7: Los marginados

45

Declaración de principios de la organización de indígenas oaxaqueños **45**
- Los verbos de comunicación con el indicativo y el subjuntivo **45**
- El subjuntivo y el indicativo en cláusulas adverbiales de tiempo **46**

Gitanos **47**
- **Se:** usos y valores **47**

Mujer negra **48**
- Los posesivos **48**
- El pluscuamperfecto de subjuntivo **49**

CAPITULO 8: Los sobrevivientes

50

Testimonios de Guatemala **50**
- El gerundio **50**
- Los tiempos progresivos **51**

Preso sin nombre, celda sin número **52**
- El subjuntivo en cláusulas adjetivales **52**
- El imperfecto de subjuntivo en **-se** **53**

Pan **53**
- El subjuntivo: conjunciones de propósito, excepción y condición **53**
- Los diminutivos **54**

CAPITULO 9: Concienciación y aperturas
55

1976, en una cárcel de Uruguay: pájaros prohibidos / La literatura del calabozo **55**
- **Para** y **por** **55**
- Palabras afirmativas y negativas (segundo repaso) **56**

Epigrama / Los derechos humanos **57**
- Las oraciones con **si** **57**

Sabotaje **58**
- Repaso del pretérito/imperfecto (segundo repaso) **58**
- **Ser** + el participio pasado (+ **por** + agente) **58**
- **Estar** + el participio pasado **59**

Un día en la vida **59**
- Los artículos definidos e indefinidos **59**
- Repaso del subjuntivo y del indicativo **61**

UNIDAD IV: Hacia la igualdad entre los sexos

CAPITULO 10: Lenguaje y comportamientos sexistas
63

El texto libre de prejuicios sexuales **63**
- Las dos maneras de expresar la voz pasiva en español **63**

La princesa vestida con una bolsa de papel **65**
- Repaso del pretérito e imperfecto (tercer repaso) **65**
- Los sustantivos femeninos irregulares **65**

Palabreo **66**
- Los pronombres de objeto directo e indirecto (segundo repaso) **66**
- **Lo:** uso del pronombre neutro (segundo repaso) **66**

CAPITULO 11: Mujeres memorables
67

Eva **67**
- Las cláusulas de relativo: restrictivas y no restrictivas **67**
- Los relativos **68**

La Malinche **72**
- Las oraciones condicionales con subjuntivo (segundo repaso) **72**
- Las acciones recíprocas **73**

El arte de Remedios Varo **75**
- La posición de los adjetivos (segundo repaso) **75**
- Los tiempos progresivos (segundo repaso) **76**

CAPITULO 12: Decisiones
77

La vuelta a casa **77**
- El imperativo (segundo repaso) **77**
- Los usos del verbo **hacer** **77**

La brecha **78**
- Resumen de los usos del infinitivo **78**
- Resumen de los usos del gerundio **79**

Medidas contra el aborto **80**
- **Para** y **por** (segundo repaso) **80**
- La concordancia de los tiempos verbales **80**

Práctica escrita

UNIDAD I: Tradición y cambio

PRELIMINARES 83

CAPITULO 1: El ocio 87

Bares a millares **87**
Picar a la española **93**
¡Oye cómo va! **97**

CAPITULO 2: Costumbres de ayer y de hoy 103

El mexicano y las fiestas **103**
Una fiesta de impacto y de infarto **107**
La santería: una religión sincrética **111**

CAPITULO 3: Temas candentes 115

Una bola de humo **115**
¿Liberalizar la droga? **119**
La pasión por lo verde **123**

UNIDAD II: Contrastes culturales

CAPITULO 4: Así somos 129

La doble fundación de Buenos Aires **129**
Dime cómo hablas y te diré de dónde eres **137**
¡Qué guay! **143**

CAPITULO 5: Así nos vemos / Así nos ven 149

Hamburguesas y tequila **149**
El eclipse **153**
La historia de mi cuerpo **157**

CAPITULO 6: Aquí estamos: los hispanos en EE UU 161

¡Ay, papi, no seas coca-colero! **161**
In Between **165**
Nocturno chicano / Canción de la exiliada **171**

UNIDAD III: Los derechos humanos

CAPITULO 7: Los marginados 175

Declaración de principios de la organización de indígenas oaxaqueños **175**
Gitanos **179**
Mujer negra **181**

CAPITULO 8: Los sobrevivientes 185

Testimonios de Guatemala **185**
Preso sin nombre, celda sin número **191**
Pan **195**

CAPITULO 9: Concienciación y aperturas

1976, en una cárcel de Uruguay: pájaros prohibidos / La literatura del calabozo **197**
Epigrama / Los derechos humanos **201**
Sabotaje **207**
Un día en la vida **213**

197

UNIDAD IV: Hacia la igualdad entre los sexos

CAPITULO 10: Lenguaje y comportamientos sexistas

El texto libre de prejuicios sexuales **219**
La princesa vestida con una bolsa de papel **225**
Palabreo **231**

219

CAPITULO 11: Mujeres memorables

Eva **235**
La Malinche **239**
El arte de Remedios Varo **243**

235

CAPITULO 12: Decisiones

La vuelta a casa **247**
La brecha **251**
Medidas contra el aborto **257**

247

Audio

CAPITULO 1: ... Que comieron... ¿qué? **263**
CAPITULO 2: Las parrandas puertorriqueñas **265**
CAPITULO 3: El SIDA **267**
CAPITULO 4: El *Spanglish* **269**
CAPITULO 5: Cupido al diván **271**
CAPITULO 6: Hispano ¿yo? **273**
CAPITULO 7: El alquiler barato: la solución **275**
CAPITULO 8: Uno más uno **277**
CAPITULO 9: Los comedores de la solidaridad **279**
CAPITULO 10: El machismo **281**
CAPITULO 11: La Monja Alférez **285**
CAPITULO 12: La superpoblación **289**

Respuestas

UNIDAD I **293**
UNIDAD II **298**
UNIDAD III **302**
UNIDAD IV **307**

Preface

The *Cuaderno,* designed for use with the *¡A que sí!* text, is divided into four sections: **Repaso gramatical, Práctica escrita, Audio,** and **Respuestas.**

- The **Repaso gramatical** is a complete grammar review. Before coming to class, you should study each grammar point for which you will do the corresponding activities in the textbook. The grammar sections can be covered and reviewed at any time during the semester.

- The **Práctica escrita** section provides you with written individual practice in the form of more traditional exercises (such as fill-in-the-blank, multiple choice, and sentence completion), as well as open-ended exercises and creative writing assignments. You should do these activities outside of class as recommended or assigned by the instructor. The **Práctica escrita** covers the **Palabra por palabra** and **Mejor dicho** sections of the textbook and provides written practice for the **Repaso gramatical.**

- The **Audio** section is correlated to the *Audio CD.* The exercises correspond to the listening segment in every chapter.

- The **Respuestas** section contains answers for the **Práctica escrita** and **Audio** sections and is organized by unit.

PRACTICA ESCRITA
página 83

Preliminares

▶ El género y el número de los sustantivos

A. Generalmente los sustantivos terminados en **-o** son masculinos y los terminados en **-a** son femeninos:

el mundo	el dinero	el trabajo	el libro
la ventana	la cafetería	la luna	la naturaleza

B. Excepciones a esta regla general son algunos masculinos que terminan en **-a, -ma, -pa, -ta:**

el día	el idioma	el mapa	el poeta
el clima	el problema	el programa	el sistema
el drama	el planeta	el poema	el tema

C. Los sustantivos terminados en **-d, -dad** y **-umbre** son siempre femeninos:

la red *(net)*	la verdad	la universidad	la costumbre

D. Casi todos los sustantivos terminados en **-ión** son femeninos. Observe que el plural no lleva acento.

la conversación	la tensión	la reunión	la diversión
las conversaciones	las tensiones	las reuniones	las diversiones

¡Ojo! El avión y el camión son sustantivos masculinos.

E. También existen algunos femeninos que terminan en **-o:**

la mano	la foto(grafía)	la moto(cicleta)

F. Los sustantivos terminados en **-e** son unos masculinos y otros femeninos:

MASCULINO		FEMENINO	
el diente	el vientre	la gente	la calle
el coche	el rifle	la noche	la muerte

G. Los sustantivos terminados en **-ista** tienen la misma forma para el género masculino y el femenino. Es decir que la terminación no cambia en el masculino. Observe en los ejemplos siguientes que el artículo definido es el que indica el género de la palabra.

el novelista	**el** artista	**la** novelista	**la** artista

H. El plural de los sustantivos se forma añadiendo **-s** a los que terminan en vocal y **-es** a los que terminan en consonante. Si el sustantivo termina en **-s** y tiene dos sílabas o más, no cambia.

la nube	las nube**s**	el lugar	los lugar**es**
el dios	los dios**es**	el lunes	los lun**es**

I. Los sustantivos terminados en **-z** cambian la ortografía en el plural, pues en español no se usa **z** antes de **-e.**

el lápiz	los lápi**ces**	el pez	los pe**ces**

El género y el número de los adjetivos

A. Los adjetivos que terminan en **-o** tienen cuatro formas diferentes.

	MASCULINO	FEMENINO
SINGULAR	fresc-**o**	fresc-**a**
PLURAL	fresc-**os**	fresc-**as**

B. Los adjetivos que terminan en **-dor, -án, -ón** forman el femenino añadiendo una **-a.**

	MASCULINO	FEMENINO	MASCULINO	FEMENINO
SINGULAR	trabajador *(hardworking)*	trabajadora	juguetón *(playful, frisky)*	juguetona
PLURAL	trabajadores	trabajadoras	juguetones	juguetonas
SINGULAR	jugador	jugadora	holgazán *(lazy)*	holgazana
PLURAL	jugadores	jugadoras	holgazanes	holgazanas

C. Los adjetivos que terminan en **-e, -l, -s, -z** sólo tienen dos formas: singular y plural. Los terminados en **-z** cambian la ortografía en el plural. Observe que la misma forma sirve para el masculino y el femenino.

	M/F	M/F	M/F	M/F	M/F
SINGULAR	brev**e**	fáci**l**	cortés	fero**z**	velo**z**
PLURAL	brev**es**	fáci**les**	corte**ses**	fero**ces**	velo**ces**

D. También los adjetivos **superior, inferior, posterior, anterior, mayor, menor, mejor** y **peor** sólo tienen dos formas: singular y plural.

	MASCULINO	FEMENINO
SINGULAR	el mejor actor	la mejor actriz
PLURAL	los mejores actores	las mejores actrices

E. Lo mismo ocurre con los adjetivos que terminan en **-ista.**

	MASCULINO	FEMENINO
SINGULAR	(un escritor) realista	(una historia) realista
PLURAL	(unos escritores) realistas	(unas historias) realistas

F. Todos los adjetivos de nacionalidad cambian en el femenino, excepto los terminados en **-nse** y en **-a** (azteca, maya, inca).

	MASCULINO	FEMENINO	MASCULINO	FEMENINO
SINGULAR	peruano	peruana	canadiense	canadiense
PLURAL	peruanos	peruanas	canadienses	canadienses
SINGULAR	azteca	azteca		
PLURAL	aztecas	aztecas		

G. Preste atención al uso del acento gráfico (o tilde) sólo en el masculino singular de los adjetivos terminados en **-és.**

	MASCULINO	FEMENINO	MASCULINO	FEMENINO
SINGULAR	francés	francesa	japonés	japonesa
PLURAL	franceses	francesas	japoneses	japonesas

Las preposiciones

A. Algunas de las preposiciones en español son, en orden alfabético, las siguientes:

a *(to)*	**en** *(at, in, on)*	**por** *(because of, for, by + place)*
ante *(before)*	**entre*** *(between, among)*	**salvo*** *(except)*
bajo *(under)*	**excepto*** *(except)*	**según*** *(according to)*
con *(with)*	**hacia** *(towards)*	**sin** *(without)*
contra *(against)*	**hasta** *(until, even)*	**sobre** *(on, about)*
de *(of, from)*	**menos*** *(except)*	**tras** *(after)*
desde *(from, since)*	**para** *(for, by + time, in order to)*	

*Las preposiciones que llevan un asterisco van seguidas de pronombres personales. Véase la página 4.

B. Una preposición no puede aparecer sola. Siempre va seguida de un sustantivo, un infinitivo, un pronombre o un adverbio.

PREP. + SUST.	PREP. + INF.	PREP. + PRON.	PREP. + ADV.
para mis hijos	sin hablar	hacia mí	por aquí

C. Detrás de una preposición sólo puede ir un infinitivo y **nunca** un gerundio *(-ing)*.

Gracias **por venir.** *Thank you for coming.*

D. Se añade la conjunción **que** a una preposición si la sigue un verbo conjugado.

Me doy cuenta **del** problema. Me doy cuenta **de que** el problema **es** serio.

E. En cláusulas de relativo (**que, quien, el cual...**) la preposición debe ir delante del pronombre relativo. Una preposición **nunca** puede aparecer al final de una oración.

Esa es la mujer **de quien** está enamorado Ramón.

This is the woman that Ramón is in love with.

F. Detrás de una preposición se emplean los pronombres: mí, ti, él/ella, Ud., nosotros/as, vosotros/as, ellos/as, Uds., pero con **entre, excepto, menos, salvo** y **según** se usan yo, tú en lugar de mí, ti.

Para ti es muy fácil esquiar, pero **para mí** no lo es.

Según tú, ¿quién es la mejor actriz actualmente? **Según yo,** es Carmen Maura.

G. Muchos adverbios o expresiones adverbiales funcionan como preposiciones al añadirles una preposición.

delante → delante de   cerca → cerca de   enfrente → enfrente de

Compare:

ADVERBIO	PREPOSICIÓN
Los invitados vendrán después.	Los invitados vendrán después de las 7.
Vivimos muy cerca.	Vivimos cerca de ellos.

H. Muchos verbos van acompañados de una preposición. **¡Ojo!** Esta preposición puede corresponder o no con la que se usa en inglés.

depender **de** *(to depend on)*   enamorarse **de** *(to fall in love with)*

Incluso a veces el verbo en inglés puede no llevar ninguna preposición, mientras que el verbo en español sí, o viceversa.

ayudar **a** *(to help)*   acordarse **de** *(to remember)*

buscar *(to look **for**)*   pedir *(to ask **for**)*

Los pronombres preposicionales

A. Los pronombres que aparecen después de una preposición (a, de, por, para...) son iguales a los pronombres personales (los que aparecen como sujetos de los verbos), excepto en la primera y la segunda persona del singular. Compare las dos columnas siguientes:

PRONOMBRES PERSONALES		PRONOMBRES PREPOSICIONALES	
yo	*I*	(a) mí	*(to) me*
tú	*you*	(a) ti	*(to) you*
él / ella / Ud.	*he / she / you*	(a) él / ella / Ud.	*(to) him / her / you*
nosotros/as	*we*	(a) nosotros/as	*(to) us*
vosotros/as	*you*	(a) vosotros/as	*(to) you*
ellos/as / Uds.	*they / you*	(a) ellos/as / Uds.	*(to) them / you*

B. Con verbos que llevan preposición (pensar en, hablar de, despedirse de, acordarse de, casarse con, enamorarse de, etc.) se emplean los pronombres preposicionales en lugar de los de objeto directo e indirecto (me, te, lo, la, le...).

Nadie piensa **en ti.** *Nobody thinks about you.*
Nos acordamos mucho **de vosotros.** *We remember you a lot.*
Todas nosotras estamos enamoradas **de él.** *All of us are in love with him.*

C. Los pronombres preposicionales se emplean también para marcar el contraste entre dos personas, dar énfasis o eliminar una ambigüedad.

A vosotras os gustan mucho los bombones. *You like bonbons very much.*
Me van a peinar **a mí** primero. *They are going to do my hair first.*
A ella le interesa la astronomía y
    a él la arqueología. *She is interested in astronomy and*
    he is interested in archaeology.

D. Los pronombres preposicionales funcionan también en estructuras reflexivas, pero la tercera persona del singular y del plural es **sí.** Note que tiene acento gráfico.

mí	nosotros/as
ti	vosotros/as
sí	**sí**

Todavía no puede levantarse de la cama **por sí misma.**
She is not able to get out of bed by herself yet.
No han sabido defenderse **a sí mismos.**
They have not known how to defend themselves.

E. Observe que **mismo/a/os/as** acompaña a estos pronombres cuando funcionan en estructuras reflexivas. **Mismo** concuerda en género y número con el sujeto de la oración.

Ese chico sólo se preocupa de **sí mismo.** *That kid only cares about himself.*
A veces dudamos de **nosotras mismas.** *Sometimes we have doubts about ourselves.*

F. Con la preposición **con,** la primera y la segunda persona tienen la siguiente forma: **conmigo, contigo. Con + sí** (pronombre reflexivo) es **consigo** *(with himself, herself, themselves).*

Cuando Esperanza se mudó a Paraguay, se llevó **consigo** todos los muebles.
When Esperanza moved to Paraguay, she took all her furniture with her.

G. Recuerde que con las preposiciones **entre** *(between, among),* **según** *(according to),* **excepto, salvo** *(except)* y **menos** *(except)* se utilizan los pronombres personales (yo, tú...) en lugar de los preposicionales (mí, ti...).

Menos yo, todos mintieron. *Everybody lied except me.*
Entre tú y yo podemos decorar *Between you and me, we can decorate the*
    el nuevo apartamento. *new apartment.*

El ocio

PRACTICA ESCRITA
página 87

Bares a millares

El presente de indicativo de los verbos regulares

El presente de indicativo de los verbos regulares se forma añadiendo a la raíz verbal las terminaciones siguientes:

-ar		-er		-ir	
-o	-amos	-o	-emos	-o	-imos
-as	-áis	-es	-éis	-es	-ís
-a	-an	-e	-en	-e	-en

enseñ-ar		beb-er		viv-ir	
enseño	enseñamos	bebo	bebemos	vivo	vivimos
enseñas	enseñáis	bebes	bebéis	vives	vivís
enseña	enseñan	bebe	beben	vive	viven

El verbo *ser*

A. El presente de indicativo de **ser** es:

soy	somos
eres	sois
es	son

B. Se usa con sustantivos como complemento (o atributo) para identificar o definir:

Aquel **es** mi <u>padre</u>.

El ave del paraíso **es** una <u>planta</u> tropical.

C. Se emplea en las expresiones impersonales:

Es posible, importante, obvio, necesario, imposible, bueno, probable...

D. Se usa **ser** para expresar:

Origen	Este café **es** de Brasil.
Nacionalidad	Antonio y yo **somos** españoles.
Posesión	Ese refresco **es** de Martín.
Profesión	Yo **soy** electricista.
Religión	¿**Sois** vosotros protestantes?
Política	Mi familia **es** socialista.
Materia	El vaso **es** de plástico.
Estación	Por fin **es** primavera.
Hora	**Son** las dos de la tarde.

E. Cuando el sujeto gramatical es una **actividad, ceremonia o espectáculo** *(an ongoing event, not a physical, tangible thing),* se utiliza el verbo **ser.** En este caso significa *to take place.*

La reunión (fiesta, entrega de premios...) **es** en este edificio.

El verbo *estar*

A. El presente de indicativo de **estar** es:

estoy	**estamos**
estás	**estáis**
está	**están**

B. **Estar** se usa principalmente para indicar la posición o situación de una cosa o persona.

Aurora **está** en la oficina. La oficina **está** en Bilbao.

C. Con el gerundio (-ando, -iendo) se usa para formar los tiempos progresivos *(to be + -ing).*

Estamos buscando trabajo. **Está escribiendo** en su diario.

D. Se emplea con las siguientes expresiones:

estar de acuerdo *(to agree)* **estar** de moda *(to be in fashion)*

estar de fiesta *(to celebrate a holiday)* **estar** de viaje *(to be on a trip)*

estar de vacaciones *(to be on vacation)* **estar** de buen/mal humor *(to be in a good/bad mood)*

E. Muchas veces se puede traducir **estar** con los verbos *to seem, to look, to taste.*

Jaime, hoy **estás** muy guapo. *Jaime, you look very handsome today.*

El flan **está** muy rico. *The custard tastes very good.*

Contraste: *ser* y *estar* + adjetivo

A. *To be + adjective* puede traducirse al español con **ser** o **estar,** pero esto no significa que los dos verbos sean intercambiables. La elección de un verbo u otro dependerá del significado que tenga la oración. Por eso hay que prestar atención a todos los elementos presentes.

Ice is cold. → El hielo **es** frío.

This coffee is cold. → Este café **está** frío.

B. Se emplea el verbo **ser** si deseamos expresar una cualidad esencial o inherente al sujeto.

El bar **es**
- elegante.
- caro.
- barato.
- antiguo.
- nuevo.
- grande.
- pequeño.

Ramón **es**
- curioso.
- alto.
- delgado.
- inteligente.
- feliz.
- rubio.
- estudioso.

C. Se emplea el verbo **estar** cuando queremos expresar una cualidad transitoria o el resultado de un cambio.

El bar **está**
- sucio.
- limpio.
- vacío.
- lleno.
- tranquilo.

Ramón **está**
- enfermo.
- triste.
- hambriento.
- de mal humor.
- dormido.

D. Con los adjetivos **contento/a, cansado/a** y **muerto/a** se emplea siempre **estar** porque indican el resultado de un cambio.

> **Estaba contento** (vivo), pero ahora **está triste** (muerto).
>
> ¡Qué barbaridad! Siempre **están cansadas.** No sé qué hacen.

E. Hay una serie de adjetivos que cambian de significado según se usen con el verbo **ser** o **estar.**

	SER	**ESTAR**
aburrido/a	*boring*	*bored*
alto/a	*tall*	*high*
despierto/a	*alert, quick-witted*	*awake*
interesado/a	*mercenary person*	*interested*
listo/a	*smart*	*ready*
libre	*free*	*unoccupied, out of prison*
malo/a	*bad*	*sick*
verde	*green in color*	*unripe*
vivo/a	*lively, witty*	*alive*

F. Recuerde que cuando el complemento *(atributo)* es un sustantivo sólo se puede emplear **ser.**

> Este **es** un *lugar* ideal para descansar.   *This is an ideal place to rest.*

Haber

A. **Hay** es la forma impersonal del verbo **haber.** Equivale al inglés *there is, there are.* Observe que en español se usa la misma forma para el singular y el plural.

> Aquí **hay** un restaurante italiano.
>
> Sobre la mesa **hay** dos tazas de café.

B. **Hay que + infinitivo** es una expresión impersonal y significa *one (you, people) must + inf., one has to + inf.*

> No **hay que ir** a algo; simplemente **hay que ir.**
>
> ¿Qué **hay que hacer** esta tarde?

Picar a la española

El presente de indicativo de los verbos irregulares

A. Algunos verbos sufren cambios en la raíz verbal en el presente de indicativo. Los tres cambios principales son **e → ie, o → ue, e → i.** Estos cambios vocálicos ocurren en todas las personas verbales, excepto en **nosotros** y **vosotros.** La razón del cambio vocálico en unas personas sí y en otras no, tiene que ver con la acentuación de cada forma verbal. La vocal de la raíz verbal cambia sólo cuando sobre ella recae el acento.

| piensa | El acento está en el diptongo **ie.** |
| pensamos | El acento está en la vocal **a,** no en la **e.** |

Los verbos siguientes presentan un cambio vocálico en la raíz verbal. Observe que las terminaciones *(endings)* de los verbos son todas regulares.

-ar		**-er**	
e → ie	o → ue	e → ie	o → ue
comenzar	**almorzar**	**entender**	**soler**
comienzo	almuerzo	entiendo	suelo
comienzas	almuerzas	entiendes	sueles
comienza	almuerza	entiende	suele
comenzamos	almorzamos	entendemos	solemos
comenzáis	almorzáis	entendéis	soléis
comienzan	almuerzan	entienden	suelen

-ir

dormir		**preferir**		**servir**	
o → ue		e → ie		e → i	
duermo	dormimos	prefiero	preferimos	sirvo	servimos
duermes	dormís	prefieres	preferís	sirves	servís
duerme	duermen	prefiere	prefieren	sirve	sirven

B. Algunos verbos tienen irregular sólo la primera persona del singular: **yo.**

caer	**caigo**	conocer	**conozco**	estar	**estoy**	saber	**sé**
hacer	**hago**	ofrecer	**ofrezco**	dar	**doy**		
poner	**pongo**	nacer	**nazco**				
salir	**salgo**	traducir	**traduzco**				
traer	**traigo**						

C. Otros verbos tienen irregular la primera persona y presentan además un cambio vocálico en la raíz verbal:

decir		**tener**		**venir**	
e → i		e → ie		e → ie	
digo	decimos	**tengo**	tenemos	**vengo**	venimos
dices	decís	tienes	tenéis	vienes	venís
dice	dicen	tiene	tienen	viene	vienen

Unidad I Tradición y cambio

D. Los verbos terminados en **-ger** (coger, escoger, recoger) presentan un cambio ortográfico en la primera persona: **g → j.**

escoger

escojo	escogemos
escoges	escogéis
escoge	escogen

E. Los verbos terminados en **-egir** (elegir, corregir) y **-eguir** (seguir, perseguir) tienen en el presente un cambio vocálico (**e → i**) y un cambio ortográfico (**-egir: g → j; -eguir: gu → g**).

e → i		e → i	
g → j		**gu → g**	
eli**j**o	elegimos	si**g**o	seguimos
eliges	elegís	sigues	seguís
elige	eligen	sigue	siguen

F. Los verbos terminados en -**uir** (construir, destruir) cambian la **i** en **y** en todas las personas del presente excepto en nosotros y vosotros, es decir, entre vocales.

huir

huyo	huímos
huyes	huís
huye	huyen

G. En el presente, el verbo **oír** transforma la **i** en **y,** como los verbos anteriores, pero también tiene la primera persona del singular irregular.

oír

oigo	oímos
oyes	oís
oye	oyen

H. El presente del verbo **ir** tiene como raíz verbal **v-,** utiliza las terminaciones de los verbos en **-ar,** y la primera persona del singular es irregular.

ir

voy	vamos
vas	vais
va	van

Gustar y verbos afines

A. **Gustar** significa en inglés *to like,* pero tiene una estructura gramatical diferente.

(A mí) me	**gustan**	**las películas.**
objeto indirecto	verbo	sujeto
I	*like*	*the movies.*
sujeto	verbo	objeto directo

Observe que el sujeto gramatical de la oración en español es un objeto *(las películas)* y que el verbo **gustar** concuerda en número con él. La persona *(a mí me)* tiene la función de objeto indirecto. El objeto indirecto aparece generalmente delante del verbo y el sujeto gramatical detrás.

En inglés, en cambio, el sujeto gramatical de la oración es la persona *(I)* y la cosa *(movies)* tiene la función de objeto directo. Sin embargo, *to please* y *to be pleasing to* sí coincide con la estructura en español: *Movies are pleasing to (me, you, etc.).*

A	+ PRON. PREP.	+ OBJETO INDIRECTO	+ VERBO	+ SUJETO
A	mí	me	gusta(n)	la(s) película(s).
A	ti	te	gusta(n)	la(s) película(s).
A	él / ella / Ud.	le	gusta(n)	la(s) película(s).
A	nosotros/as	nos	gusta(n)	la(s) película(s).
A	vosotros/as	os	gusta(n)	la(s) película(s).
A	ellos / ellas / Uds.	les	gusta(n)	la(s) película(s).

B. En las oraciones con **gustar,** el empleo de **a mí, a ti, a él,** etc. no es necesario, excepto cuando se quiere mostrar un contraste entre dos personas, dar énfasis o eliminar alguna ambigüedad. Acuérdese siempre de decir o escribir la preposición **a.**

A nosotros nos encanta el chocolate, pero *We love chocolate, but they don't.*
    a ellos no.

A él le faltan cinco monedas de su colección *He is missing five coins from his*
    y **a vosotras** tres. *collection and you are missing three.*

¡Ojo! El pronombre de objeto indirecto (**me, te, le...**) nunca se puede omitir.

C. Otros verbos que siguen el modelo de **gustar** son:

apetecer	*to feel like, crave*
encantar	*to love, be delighted by*
faltar	*to be lacking, be missing*
fascinar	*to fascinate*
importar	*to matter*
interesar	*to interest*
quedar	*to be left (over)*
sobrar	*to be in excess*

D. Recuerde la estructura de estos verbos cuando conteste una pregunta o reaccione a lo que ha dicho alguien.

A mí también.	*Me, too.*	**A mí tampoco.**	*Me, neither.*
A ti también.	*You, too.*	**A ti tampoco.**	*You, neither.*

PRACTICA ESCRITA
página 97

¡Oye cómo va!

La posición de los adjetivos

A. Los adjetivos demostrativos (**este, ese...**), los posesivos (**mi, su...**), los indefinidos (**algún...**) y los de cantidad (**mucho, varios...**) van delante del sustantivo. A estos adjetivos se les denomina determinativos.

Este mes hace calor y yo tengo **mucho** trabajo.

B. **Cualquiera** pierde la **-a** final delante de un sustantivo en singular. El plural (**cualesquiera**) no se usa en la lengua cotidiana.

> **cualquier** día
>
> **cualquier** persona

C. También los adjetivos numerales (**dos, cien...**) se anteponen al sustantivo, excepto **primero** y **tercero** que pueden ir delante o detrás. Si van delante de un sustantivo masculino pierden la última vocal.

> la conmemoración del **quinto** aniversario
>
> en el **tercer** piso o en el piso **tercero**

D. Hay otros adjetivos que indican una cualidad del sustantivo (color, tamaño, nacionalidad...) y se llaman calificativos. Estos siguen al sustantivo.

> las condiciones **sociales** de las tribus **indias**
>
> una raza **explotada**

E. Cuando hay más de un adjetivo calificativo se unen estos adjetivos con la conjunción **y.**

> una respuesta simple **y** convincente

F. Los siguientes adjetivos calificativos pueden ir delante o detrás del sustantivo, pero cambian de significado según su posición.

	delante	detrás
antiguo/a	*former*	*old, antique*
grande	*great*	*big, large*
mismo/a	*same*	*-self*
nuevo/a	*new to the person*	*brand new*
pobre	*unfortunate*	*poor*
único/a	*only*	*unique*
viejo/a	*long-time*	*old*

> Mi hermana y mi madre tienen el **mismo** nombre.
>
> Mi hermana **misma** lo va a hacer.
>
> En esa tienda de ropa usada compró un **nuevo** sombrero.
>
> Su sombrero **nuevo** es para las fiestas.
>
> ¡**Pobre** niña! No tiene familia.
>
> Esa organización quiere que ayudemos a los niños **pobres.**

G. Los adjetivos calificativos **bueno** y **malo** pueden ir delante o detrás del sustantivo, pero no cambian de significado. Si aparecen delante de un sustantivo masculino singular pierden la vocal final.

> Es un **buen/mal** amigo.   Es un amigo **bueno/malo.**

H. Recuerde que **grande** pierde la última sílaba delante de un sustantivo masculino o femenino singular.

> un **gran** día   una **gran** persona   las **grandes** ocasiones

Las expresiones de comparación

A. Para comparar se emplean las siguientes expresiones:

superioridad +	**más... que** (*more than*)	Ana lleva aquí más meses que yo. Inés es más alta que Ud.
inferioridad −	**menos... que** (*less, fewer than*)	Saben menos cuentos que Uds. Beben menos café que antes.
igualdad =	a. **tanto/a/os/as** + sustantivo + **como** (*as many, much . . . as*)	Tengo tantas ganas de terminar como tú.
	b. **tan** + adjetivo, adverbio + **como** (*as . . . as*)	Están tan débiles como siempre. Corre tan rápidamente como su hermano.
	c. verbo + **tanto como** (*as much as*)	No sales tanto como quieres. Han vendido tanto como ayer.

¡Ojo! La expresión **tanto** (invariable)... **como** significa *both . . . and*.

Tanto Beethoven **como** Bach son compositores de fama internacional.

B. En español algunos adjetivos tienen una forma diferente en las comparaciones de superioridad:

bueno/a/os/as   →   **mejor/es**   (*better*)

malo/a/os/as   →   **peor/es**   (*worse*)

Las naranjas de mis abuelos son **mejores/peores** que las de nuestros vecinos.

C. **Grande** y **pequeño** tienen dos comparativos diferentes.

grande/s   →   **más grande/s**   (*bigger, larger*)

  →   **mayor/es**   (*older, bigger, larger, greater*)

pequeño/a/os/as   →   **más pequeño/a/os/as**   (*smaller*)

  →   **menor/es**   (*younger, smaller, less*)

Cuando se comparan personas, **más grande** y **más pequeño** se emplean preferentemente para indicar la diferencia de tamaño (*size*) y **mayor, menor** para indicar la diferencia de edad (*age*).

Una de sus hijas es **más grande** que la otra. (*bigger*)

Tiene dos hermanos **menores** que ella. (*younger*)

Cuando se comparan cosas que se pueden ver y medir (*measure*), como lugares y objetos, es preferible usar **más grande** y **más pequeño.**

Buenos Aires es **más grande que** Lima. (*bigger, larger*)

Esa cama va a caber (*fit*) muy bien porque es **más pequeña** que la otra. (*smaller*)

Para conceptos o abstracciones se emplean preferentemente **mayor** y **menor.**

El interés por la música folklórica es **menor que** en el pasado. (*less than*)

Tu entusiasmo era **mayor que** el de ellos. (*greater, more than*)

El superlativo absoluto y relativo

A. Para expresar que un sustantivo posee una cualidad en su máximo grado, se pueden emplear dos estructuras diferentes:

> Este artículo me parece **importantísimo** (o **muy importante**).

> Este artículo me parece **el más importante de los tres.**

En la primera oración se ha utilizado el superlativo **absoluto** y en la segunda el superlativo **relativo.** Observe que en la primera oración no se compara el sustantivo ("el artículo") con otros de su misma clase mientras que con **el relativo** sí se establece una comparación.

B. El superlativo **absoluto** se puede formar de dos maneras:

1. añadiendo a la raíz de los adjetivos las terminaciones **-ísimo, -a, -os, -as.**

2. poniendo delante del adjetivo **muy** o **sumamente, extraordinariamente,** etc.

tranquila	tranquil**ísima**	**muy** tranquila
interesante	interesant**ísimo**	**sumamente** interesante

C. El superlativo **relativo** se forma según el modelo siguiente:

> artículo + sustantivo + **más** (o **menos**) + adjetivo + **de** + grupo

> La tienda de discos más completa de la ciudad era Madrid Rock.

> Falla es el compositor menos conocido de nuestra época.

> *Ilegales* es el conjunto más divertido del mundo.

D. Al formar una oración con el superlativo **relativo,** recuerde que *más + bueno* es **mejor,** *más + malo* es **peor.**

> *Bestia, bestia* es la **peor** canción que he oído en mi vida.

E. Cuando el sustantivo ha sido mencionado en la misma oración no hace falta a repetirlo.

> De todos **los tipos** de música, la cumbia y el flamenco son los (tipos) más rítmicos.

F. Los adjetivos como **extraordinario/a, excelente, horroroso/a, terrible** ya indican una cualidad en su máximo grado y no necesitan llevar delante **muy** o **más.**

Costumbres de ayer y de hoy

PRACTICA ESCRITA
página 103

El mexicano y las fiestas

Los verbos reflexivos

A. Los verbos reflexivos son aquellos que requieren el uso de los pronombres:
me, te, se, nos, os, se.

divertirse

me divierto	**nos** divertimos
te diviertes	**os** divertís
se divierte	**se** divierten

B. Un verbo requiere el uso de un reflexivo:

1. Cuando el sujeto gramatical realiza la acción y la recibe:
acostarse, despertarse, levantarse, vestirse, arreglarse...

> Mi perro **se acuesta** en la cocina.
>
> No **nos levantamos** antes de las 7 de la mañana nunca.

Si el sujeto gramatical realiza la acción pero no la recibe, entonces <u>no</u> se emplea el pronombre reflexivo al conjugar el verbo.

> Yo no **acuesto** a mi hermano; lo **acuesta** mi madre.
>
> En los hoteles la recepcionista **despierta** a los clientes.

¡Ojo! En muchas ocasiones, el español y el inglés no coinciden en el uso de los reflexivos. En español se dice **me baño,** pero en inglés *I take a bath.*

2. Cuando el verbo que se emplea es uno de los que siempre van acompañados de un pronombre reflexivo:

atreverse (a) *to dare (to)*	César no **se atreve a** pedirle dinero a su padre.
burlarse (de) *to make fun (of)*	Los niños **se burlan de** Fina porque lleva gafas.
quejarse (de) *to complain (about)*	Nunca **se quejan de** la comida de Wendy's.

Observe que las oraciones anteriores no tienen un significado reflexivo, aunque se han utilizado pronombres reflexivos.

C. Algunos verbos tienen un significado diferente en la forma reflexiva:

dormir	*to sleep*	**dormirse**	*to fall asleep*
llamar	*to call*	**llamarse**	*to be named*
parecer	*to seem*	**parecerse a**	*to resemble*
poner	*to put*	**ponerse**	*to put on, become*
volver	*to return from a place*	**volverse**	*to turn around, become*

D. Algunos verbos reflexivos en español se traducen al inglés con los verbos *to be, become, get* + adjetivo.

alegrarse	*to be glad*	**enfadarse**	*to get angry*
aburrirse	*to get bored*	**enfermarse**	*to get sick*
animarse	*to get excited*	**enojarse**	*to get angry*
cansarse	*to get tired*	**entristecerse**	*to become sad*
emborracharse	*to get drunk*	**sorprenderse**	*to be surprised*

Pero, sino (que), no sólo... sino también

A. **Pero** se puede usar después de una oración afirmativa o negativa. Después de una oración negativa, **pero** significa *however.*

Se gastaron una fortuna durante las fiestas patronales, **pero** no les importó.
They spent a fortune during the patron saint's celebrations, but they did not care.
No hemos leído ese libro de Octavio Paz, **pero** nos gustaría.
We have not read that book by Octavio Paz, but (however) we would like to.

B. **Sino** sólo puede emplearse detrás de una oración negativa y significa *but rather.*

Mis primos no quieren asistir a la procesión, **sino** quedarse en casa jugando.
My cousins do not want to go to the procession, but (they would) rather stay home and play.

C. Si hay un verbo conjugado a continuación, **sino que** se emplea en lugar de **sino.**

Los desfiles no nos entretienen **sino que** nos aburren un montón.
Parades do not entertain us but rather they bore us to death.

D. *Not only . . . but also* se expresa en español como **no sólo... sino también.**

No sólo hay fuegos artificiales esta noche **sino también** mañana.
Not only are there fireworks tonight but also tomorrow.

Una fiesta de impacto y de infarto

Palabras afirmativas y negativas

A. Algunas palabras o expresiones afirmativas y sus respectivas formas negativas son las siguientes.

AFIRMATIVAS	NEGATIVAS	AFIRMATIVAS	NEGATIVAS
algo *something*	nada *nothing*	o *or*	ni *nor*
alguien *someone*	nadie *no one*	o... o *or . . . or*	ni... ni *neither . . . nor*
alguno, algunos, alguna, algunas *(pron.) someone*	ninguno, ningunos, ninguna, ningunas *(pron.) none*	siempre *always*	nunca, jamás *never*
algún, algunos, alguna, algunas *(adj.) some*	ningún, ningunos, ninguna, ningunas *(adj.) no + noun*	también *also*	tampoco *not . . . either*
incluso, hasta *even*	ni siquiera *not even*	todavía *still*	ya no *not anymore*
		ya *already*	todavía no *not yet*

B. Para la formación de oraciones negativas, existen dos posibilidades.

1. Poner el elemento negativo <u>delante</u> del verbo.

    Nunca voy a los toros.
    Nadie viene conmigo.

2. Poner el elemento negativo <u>detrás</u> del verbo y el adverbio **no** delante del verbo.

    No voy **nunca** a los toros.
    No viene **nadie** conmigo.

C. Mientras que en inglés no es correcto tener dos palabras negativas en la misma oración, en español lo correcto es lo contrario.

No había **ninguna** pintura de Goya en **ninguno** de los museos que visitamos.
There were no paintings by Goya in any of the museums we visited.

D. **Alguien** y **nadie** se emplean en sentido general. **Alguno** y **ninguno** presuponen un grupo conocido o mencionado de personas o cosas.

Alguien vive aquí.
Alguno (de mis amigos, parientes,...) vive aquí.

E. **Alguno** y **ninguno** son pronombres y <u>no</u> se usan delante de un sustantivo. Con los sustantivos se usan los adjetivos **algún, ningún.**

Alguno lo sabe.   **Algún estudiante** lo sabe.
Ninguno lo sabe.   **Ningún estudiante** lo sabe.

F. **Algunos/as + de** y **ninguno/a + de** concuerdan en género con la palabra que sigue. Observe que en la oración negativa hay que emplear el singular, no el plural.

MASCULINO	FEMENINO
algunos de mis **amigos**	**algunas** de mis **amigas**
ninguno de mis **hermanos**	**ninguna** de mis **hermanas**

G. Con la forma negativa de los adjetivos **algunos/as,** también se emplea el singular. **Ningún, ninguna** significan literalmente **ni uno/a,** esto es, *not even one.*

Hay **algunos** carteles aquí. → **No** hay **ningún** cartel aquí.

There are some posters here. → *There are no posters here.*

Al reescribir la frase en forma negativa, si **algunos/as** es parte del sujeto gramatical, el verbo tiene que ir en singular.

PLURAL **Algunos** periodistas **están** entrevistando al torero.

SINGULAR **Ningún** periodista **está** entrevistando al torero.

H. Los plurales **ningunos/as** *(pron. y adj.)* se utilizan sólo cuando sustituyen o acompañan a un sustantivo que no tiene singular en español, como *las ganas, las elecciones* y *las vacaciones,* o que se utiliza indistintamente en singular o en plural, como *las tijeras, los pantalones.*

No tengo **ningunas** ganas de ir de compras.

I have no desire to go shopping.

¿Tijeras? Lo siento, pero no he traído **ningunas.**

Scissors? I am sorry, but I did not bring any.

I. Si los elementos **no** o **ni... ni** aparecen después del verbo, es necesario poner el adverbio **no** delante del verbo.

Ni como **ni** bebo. **No** tengo **ni** hambre **ni** sed.

Cuando **o... o, ni... ni** unen dos sujetos singulares (**o** él **o** ella), el verbo está en plural si los sujetos preceden al verbo. Si los sujetos van detrás del verbo, el verbo suele estar en singular.

O Marta **o** María **limpian** la casa. No **limpia** la casa **ni** Marta **ni** María.

J. Observe que en las expresiones siguientes del español se utilizan palabras negativas, pero en inglés afirmativas.

más que nada	**más que nadie**	**más que nunca**
more than anything	*more than anybody*	*more than ever*

La formación del adverbio en *-mente*

A. Para formar un adverbio en **-mente**, se añade esta terminación a la forma femenina de un adjetivo. Recuerde que los adjetivos terminados en **-e** (triste, alegre) y en consonante (difícil, feliz) son iguales en masculino y femenino.

lento → **lentamente**   firme → **firmemente**   natural → **naturalmente**

B. Cuando se quieren usar dos adverbios en **-mente** seguidos, el primero **no** debe llevar esta terminación, pero sí hay que ponerlo en la forma femenina del adjetivo.

Nos habló tiern**a** y dulce**mente.**

C. En muchos casos se puede sustituir el adverbio en **-mente** por la estructura **con + sustantivo.**

lentamente	→ **con lentitud**	espontáneamente	→ **con espontaneidad**
firmemente	→ **con firmeza**	dulcemente	→ **con dulzura**

La santería: una religión sincrética

El imperfecto de indicativo

A. El imperfecto de indicativo se forma añadiendo a la raíz verbal las terminaciones correspondientes.

-ar			-er, -ir	
-aba	-ábamos		-ía	-íamos
-abas	-abais		-ías	-íais
-aba	-aban		-ía	-ían

entregar			pedir	
entregaba	entregábamos		pedía	pedíamos
entregabas	entregabais		pedías	pedíais
entregaba	entregaban		pedía	pedían

B. Los verbos **ir, ser** y **ver** son los únicos irregulares.

ir		ser		ver	
iba	íbamos	era	éramos	veía	veíamos
ibas	ibais	eras	erais	veías	veíais
iba	iban	era	eran	veía	veían

C. Los verbos que tienen un cambio vocálico en el presente de indicativo **no** lo tienen en el imperfecto, pues la vocal acentuada es parte de la terminación.

INFINITIVO	PRESENTE	IMPERFECTO
empezar	empiezo	empezaba
poder	puedo	podía
pedir	pido	pedía

El pretérito de indicativo

A. El pretérito se forma añadiendo a la raíz verbal las terminaciones correspondientes.

-ar			-er, -ir	
-é	-amos		-í	-imos
-aste	-asteis		-iste	-isteis
-ó	-aron		-ió	-ieron

ganar			recibir	
gané	ganamos		recibí	recibimos
ganaste	ganasteis		recibiste	recibisteis
ganó	ganaron		recibió	recibieron

B. Los verbos terminados en **-gar, -car** y **-zar** tienen una ortografía diferente en la primera persona del singular.

g → **gu**   llegar   → yo lle**gu**é
c → **qu**   buscar   → yo bus**qu**é
z → **c**   empezar → yo empe**c**é

C. Los verbos en **-aer, -eer, -oir** (caer, leer, oír) cambian la **i** de la terminación en **y** en la tercera persona del singular y la tercera del plural, es decir, entre vocales. Las otras personas son regulares.

caer		**leer**		**oír**	
caí	caímos	leí	leímos	oí	oímos
caíste	caísteis	leíste	leísteis	oíste	oísteis
cayó	cayeron	leyó	leyeron	oyó	oyeron

D. Los verbos en **-uir** (construir, destruir, huir) cambian la **i** en **y** como los anteriores, pero sólo llevan acento gráfico la primera y tercera persona del singular.

construir	
construí	construimos
construiste	construisteis
construyó	construyeron

E. Una serie de verbos irregulares tienen sus propias terminaciones. Observe que ni la primera ni la tercera persona del singular tienen acento. En segundo lugar, los verbos que utilizan estas terminaciones **no** emplean la raíz verbal del infinitivo para formar el pretérito.

-e	**-imos**
-iste	**-isteis**
-o	**-ieron**

hacer	
hic**e**	hic**imos**
hic**iste**	hic**isteis**
hiz**o**	hic**ieron**

andar:	**anduv-**	poder:	**pud-**	saber:	**sup-**
estar:	**estuv-**	poner:	**pus-**	tener:	**tuv-**
hacer:	**hic-/hiz-**	querer:	**quis-**	venir:	**vin-**

F. Los verbos terminados en **-cir** (decir, producir, traducir, conducir) y el verbo **traer** emplean en su conjugación las terminaciones irregulares y además tienen una **-j-** en todas las personas del pretérito. Observe que la tercera persona del plural es **-jeron.**

decir	
dij**e**	dij**imos**
dij**iste**	dij**isteis**
dij**o**	dij**eron**

G. Los verbos en **-ir** que tienen un cambio vocálico en el presente de indicativo (dormir, morir, sentir, seguir, pedir, preferir), presentan un cambio vocálico (**o → u, e → i**) en la tercera persona del singular y del plural del pretérito.

<table>
<tr><td colspan="2" align="center">dormir</td><td colspan="2" align="center">preferir</td></tr>
<tr><td>dormí</td><td>dormimos</td><td>preferí</td><td>preferimos</td></tr>
<tr><td>dormiste</td><td>dormisteis</td><td>preferiste</td><td>preferisteis</td></tr>
<tr><td>durmió</td><td>durmieron</td><td>prefirió</td><td>prefirieron</td></tr>
</table>

H. **Dar, ir** y **ser** tienen pretéritos irregulares. Observe que no tienen acento. **Dar** tiene las terminaciones de los verbos en -er, -ir. Las formas del pretérito de **ir** y **ser** son iguales.

<table>
<tr><td colspan="2" align="center">dar</td><td colspan="2" align="center">ir / ser</td></tr>
<tr><td>di</td><td>dimos</td><td>fui</td><td>fuimos</td></tr>
<tr><td>diste</td><td>disteis</td><td>fuiste</td><td>fuisteis</td></tr>
<tr><td>dio</td><td>dieron</td><td>fue</td><td>fueron</td></tr>
</table>

Usos del pretérito y del imperfecto

A. El imperfecto

1. Presenta una acción o una condición en el pasado sin indicar cuándo comenzó o cuándo terminó.

   Llovía sin parar.

   Eramos inseparables.

   Zoilo **tenía** ganas de conocer un país africano.

2. Expresa una acción habitual o repetida en el pasado. Equivale en inglés a *I used to + inf.*

   Pasaban las vacaciones en algunas de las islas del Caribe.

   Julia **estudiaba** espiritismo todos los veranos.

3. Se usa para la descripción de una persona o una cosa.

   La santera **llevaba** un vestido blanco.

   El altar **estaba** en su habitación.

   La habitación **olía** a incienso.

4. Presenta una acción en progreso.

   Estaban bailando/**Bailaban** con mucho ímpetu.

5. Se usa para expresar la hora.

   Era la una y media.

B. El pretérito

1. Presenta una acción indicando su principio o su final.

   La misa **duró** una hora y media.

   No **salimos** hasta las 12 de la noche.

2. Presenta una acción o serie de acciones completadas en el pasado.

   Llegaron a América buscando trabajo y lo **encontraron.**

3. Si la misma acción se repite en el pasado pero se indica el número específico de veces, se usa el pretérito.

Fuimos a confesarnos tres veces ese mes.

C. Los verbos siguientes se traducen al inglés con un verbo diferente en el pretérito e imperfecto.

INFINITIVO	PRETÉRITO		IMPERFECTO	
conocer	**conocí**	*I met*	**conocía**	*I knew*
poder	**pude**	*I managed to*	**podía**	*I was able to*
no poder	**no pude**	*I failed to*	**no podía**	*I was not able to*
querer	**quise**	*I tried to*	**quería**	*I wanted*
no querer	**no quise**	*I refused to*	**no quería**	*I did not want to*
saber	**supe**	*I found out*	**sabía**	*I knew*
tener que + inf.	**tuve que**	*I had to*	**tenía que**	*I was supposed to*

Intentaste hablar varias veces, pero **no pudiste** porque no te lo permitieron.

No podías hablar porque estabas comiendo.

Nosotros **tuvimos que** llegar al aeropuerto a las 10 y lo hicimos.

Nosotros **teníamos que** llegar al aeropuerto a las 10, pero **no pudimos** por causa del atasco.

No quiso sentarse en la hierba porque estaba prohibido.

No quería sentarse en la hierba porque estaba húmeda.

No supieron que ella era ciega hasta ayer.

Ya **sabíais** que ella era ciega.

CAPITULO

3

Temas candentes

PRACTICA ESCRITA
página 115

Una bola de humo

El futuro simple

A. El futuro simple se forma añadiendo al infinitivo las terminaciones siguientes.

-é	-emos
-ás	-éis
-á	-án

fumar		consumir	
fumar**é**	fumar**emos**	consumir**é**	consumir**emos**
fumar**ás**	fumar**éis**	consumir**ás**	consumir**éis**
fumar**á**	fumar**án**	consumir**á**	consumir**án**

B. Algunos verbos son irregulares porque no usan la raíz del infinitivo para formar el futuro simple. Observe que las terminaciones son siempre regulares.

decir	**diré**	poner	**pondré**	tener	**tendré**
haber	**habré**	querer	**querré**	valer	**valdré**
hacer	**haré**	saber	**sabré**	venir	**vendré**
poder	**podré**	salir	**saldré**		

El participio pasado

A. El participio pasado de los verbos se forma sustituyendo las terminaciones **-ar, -er, -ir** del infinitivo por **-ado, -ido, -ido,** respectivamente.

-ar → -ado		-er → -ido		-ir → -ido	
salud-ar	salud-**ado**	sab-er	sab-**ido**	desped-ir	desped-**ido**

B. Hay pocos participios irregulares. Algunos de los más comunes son los siguientes.

abrir	**abierto**	hacer	**hecho**	romper	**roto**
cubrir	**cubierto**	morir	**muerto**	ver	**visto**
decir	**dicho**	poner	**puesto**	volver	**vuelto**
escribir	**escrito**	resolver	**resuelto**		

C. Los verbos formados con un prefijo y cualquiera de los verbos anteriores también conservan esta irregularidad.

des-cubrir → des-cubierto   de-volver → de-vuelto   im-poner → im-puesto

El futuro perfecto

El futuro perfecto se forma con el futuro simple del verbo **haber** y el participio pasado del verbo correspondiente. Se traduce al inglés como *I will have + past participle*.

pagar

habré pagado	habremos pagado
habrás pagado	habréis pagado
habrá pagado	habrán pagado

Usos del futuro simple y perfecto

A. El futuro simple se utiliza en español para referirse a una acción que va a ocurrir, aunque también se puede utilizar la estructura **ir a** + infinitivo.

Me imagino que en el año 2200 no **fumará** nadie.

Van a prohibir la venta de cigarrillos a menores de 16 años.

B. El futuro perfecto expresa una acción que tendrá lugar antes de otra acción también futura.

Para el 2008 Belén y Mario ya **habrán comprado** una casa.

By the year 2008, Belén and Mario will already have bought a house.

Yo **habré salido** del trabajo para las 5 de la tarde.

I will have left work by 5:00 P.M.

C. El futuro simple y perfecto se emplean también para expresar probabilidad en el presente.

La industria del tabaco **ganará** billones anualmente.

The tobacco industry must make billions annually.

¿Qué efectos **tendrá** la nicotina en el cuerpo humano?

What effects does nicotine probably have on the human body?

¿Por qué nos **habrán mandado** un telegrama?

I wonder why they have sent us a telegram.

Habrá pasado algo.

Something must have happened.

PRACTICA ESCRITA
página 119 *¿Liberalizar la droga?*

El condicional simple

A. El condicional simple se forma con el infinitivo del verbo más las terminaciones del imperfecto de los verbos en **-er, -ir.** Se traduce al inglés como *I would + infinitive.*

apoyar	
apoyaría	apoyaríamos
apoyarías	apoyaríais
apoyaría	apoyarían

B. Algunos verbos no forman el condicional simple con la forma del infinitivo, sino con la raíz verbal que se emplea en la formación del futuro simple.

decir	**diría**	poner	**pondría**	tener	**tendría**
haber	**habría**	querer	**querría**	valer	**valdría**
hacer	**haría**	saber	**sabría**	venir	**vendría**
poder	**podría**	salir	**saldría**		

El condicional perfecto

El condicional perfecto se forma con el condicional del verbo **haber** y el participio pasado del verbo correspondiente. Se traduce al inglés como *I would have* + *past participle.*

prohibir	
habría prohibido	habríamos prohibido
habrías prohibido	habríais prohibido
habría prohibido	habrían prohibido

Usos del condicional simple y perfecto

A. El condicional simple se utiliza para indicar una acción hipotética en el presente y el condicional perfecto, en el pasado.

Yo no **aceptaría** una misión tan peligrosa.

Isabelita, en tu lugar, **habría acabado** ya la tarea.

B. ¡Ojo! Recuerde que *I would* + *infinitive* tiene también en inglés el significado de *I used to* + *infinitive* y en ese caso se utiliza el imperfecto en español.

Íbamos al teatro todos los sábados.

We would go to (= used to) the theater every Saturday.

Iríamos al teatro si pusieran una obra buena.

We would go the theater if they had a good play.

C. Al igual que el futuro, el condicional puede emplearse para expresar probabilidad, pero mientras que el futuro expresa probabilidad en el presente, el condicional expresa probabilidad en el pasado. Compare las siguientes oraciones.

La hija de María **tendrá** tres años.

María's daughter is probably (must be) three years old.

Yo **tendría** tres años cuando aprendí a leer.

I was probably three years old when I learned to read.

No nos **llamaron** porque no **se habrían enterado** de las buenas noticias.

They did not call us because they probably had not heard the good news.

La pasión por lo verde

El presente perfecto

El presente perfecto se forma con el presente del verbo **haber** y el participio pasado. Se traduce al inglés como *I have + past participle.*

guardar

he guardado	hemos guardado
has guardado	habéis guardado
ha guardado	han guardado

El pluscuamperfecto

El pluscuamperfecto se forma con el imperfecto del verbo **haber** y el participio pasado del verbo correspondiente. Se traduce al inglés como *I had + past participle.*

ahorrar

había ahorrado	habíamos ahorrado
habías ahorrado	habíais ahorrado
había ahorrado	habían ahorrado

El pluscuamperfecto, en comparación con los otros tiempos del pasado (pretérito, imperfecto, presente perfecto), indica que la acción expresada por el verbo es anterior a otra acción también pasada.

PRETÉRITO

A las 5 fui al parque y a las 6 comí.

PLUSCUAMPERFECTO

Antes de comer **había ido** al parque.

Ya **había ido** al parque cuando comí.

Los números

A. Los números cardinales son:

1	uno/a	2	dos	3	tres	4	cuatro
5	cinco	6	seis	7	siete	8	ocho
9	nueve	10	diez	11	once	12	doce
13	trece	14	catorce	15	quince	16	dieciséis
17	diecisiete	18	dieciocho	19	diecinueve	20	veinte
21	veintiuno	22	veintidós	23	veintitrés	30	treinta
31	treinta y uno	40	cuarenta	50	cincuenta	60	sesenta
70	setenta	80	ochenta	90	noventa	100	cien
200	doscientos/as	300	trescientos/as	400	cuatrocientos/as	500	quinientos/as
600	seiscientos/as	700	setecientos/as	800	ochocientos/as	900	novecientos/as
1000	mil	100.000	cien mil	1.000.000	un millón		

1.000.000.000 mil millones

1.000.000.000.000 un billón

1. **Cien** cambia a **ciento** cuando le sigue un número menor de 100. Recuerde que **no** se utiliza la conjunción **y** entre los dos números.

   cien + 1 = ciento uno

   cien + 50 = ciento cincuenta

2. Observe que con las cifras en español se usan los puntos y las comas al contrario que en inglés.

ESPAÑOL	INGLÉS
4.000	4,000
0,59	0.59

B. Los números ordinales son:

1°	primero/a	**2°**	segundo/a	**3°**	tercero/a	**4°**	cuarto/a
5°	quinto/a	**6°**	sexto/a	**7°**	séptimo/a	**8°**	octavo/a
9°	noveno/a	**10°**	décimo/a	**11°**	undécimo/a	**12°**	duodécimo/a
13°	décimotercero/a		**14°** décimocuarto/a			**15°**	décimoquinto/a

1. Como todos los adjetivos, los ordinales concuerdan con los sustantivos que modifican.

   el quinto grado   la quinta parte

2. Recuerde que **primero** y **tercero** pierden la **-o** final cuando van delante de un sustantivo masculino singular.

   el primer piso   los primeros años   la primera puerta   las primeras nieves

3. A partir del número 12, los números ordinales suelen ser sustituidos por los cardinales.

   el siglo XV (quince) *the fifteenth century*

4. Con los nombres de reyes y reinas, los ordinales van detrás del nombre propio, pero recuerde que a partir del número 10, los ordinales suelen ser sustituidos por los cardinales.

   Alfonso X (décimo)   *Alfonso X (the Tenth)*

   Luis XIV (catorce)   *Louis XIV (the Fourteenth)*

Así somos

PRACTICA ESCRITA
página 129

La doble fundación de Buenos Aires

Las expresiones de comparación: igualdad y desigualdad (segundo repaso)

(Vea el Repaso gramatical de la Unidad I, página 12.)

El superlativo absoluto y relativo (segundo repaso)

(Vea el Repaso gramatical de la Unidad I, página 13.)

PRACTICA ESCRITA
página 137

Dime cómo hablas y te diré de dónde eres

Los interrogativos

A. Las palabras interrogativas se emplean en preguntas directas. Van siempre acentuadas y son las siguientes.

qué	quién/es	cuál/es	dónde
cómo	cuándo	por qué	cuánto/a/os/as

B. Los interrogativos también aparecen en el estilo indirecto, después de verbos como **saber, entender, preguntar** y **decir.**

Dime cómo hablas y te diré de **dónde** eres.

Tell me how you speak and I will tell you where you are from.

Sabemos **quién** lo hizo.

We know who did it.

No entiendo **por qué** dijo eso Aurora.

I do not understand why Aurora said that.

C. Observe la diferencia entre el interrogativo **por qué** *(why)*, compuesto de dos palabras, y la conjunción **porque** *(because)* de sólo una palabra. El interrogativo lleva acento y la conjunción, no.

> —¿**Por qué** llegas tan temprano a la oficina?

> —**Porque** quiero encontrar un buen estacionamiento *(parking space).*

D. *What* se traduce como **qué**

    1. cuando se trata de una pregunta.

        ¿**Qué** dijiste?   *What did you say?*

    2. en estilo indirecto (cuando es una pregunta implícita).

        Dime **qué** quieres hacer.   *Tell me what you want to do.*

E. En cualquier otra circunstancia *what* se traduce al español como **lo que.**

    Lo que tienes que hacer es estudiar más.   *What you need to do is study more.*

    Eso fue **lo que** él trajo.   *That was what he brought.*

F. Cuál/Qué

Cuál se usa cuando hay que seleccionar entre dos cosas o más. El sustantivo al que se refiere ya se ha mencionado y, por lo tanto, se omite.

    Hoy ponen dos buenas películas en la televisión, ¿**cuál** (película) quieres ver tú?

    Alberto tiene tres hermanas. ¿A **cuál** (hermana) conoce Ud.?

Qué se usa cuando hay que definir un término.

    ¿**Qué** es la amistad?   ¿**Qué** significa "trampa"?

¡Ojo! En español, hablado y escrito, se prefiere el uso de **qué** con sustantivos aun cuando se expresa selección.

    ¿**Qué** comida prefieres?   ¿**Qué** libro estás leyendo?

Los exclamativos

A. Las palabras exclamativas son iguales a las interrogativas. Lo que diferencia una oración exclamativa de una pregunta es la entonación. Las preguntas se terminan elevando la voz y las exclamaciones bajándola.

    ¡**Quién** lo diría!   ¿**Quién** lo diría?

    ¡**Cuánto** cuesta!   ¿**Cuánto** cuesta?

    ¡**Cómo** le gustan las fresas!   ¿**Cómo** le gustan las fresas?

B. Las frases exclamativas con adjetivos y adverbios se forman según el modelo siguiente.

¡**Qué** + adjetivo!	¡**Qué** listos!	*How smart!*
¡**Qué** + adverbio!	¡**Qué** bien!	*How great!*

Note que en estos casos **qué** se traduce al inglés como *how.*

C. Para formar una oración se añade un verbo al final.

    ¡**Qué** listos sois!

    ¡**Qué** bien conoce la geografía de su país!

D. Con sustantivos hay dos tipos de estructuras posibles. Si la oración incluye solamente un sustantivo, la estructura es igual a la anterior. Note que en este caso **qué** se traduce al inglés como *what a(n)*.

> **¡Qué** + sustantivo!

¡Qué mujer! *What a woman!*

Si el sustantivo va modificado por un adjetivo, entonces la estructura es distinta.

> **¡Qué** + sustantivo + **más (tan)** + adjetivo!

¡Qué revista **tan** escandalosa! *What a scandalous magazine!*
¡Qué lugar **más (tan)** húmedo! *What a humid place!*

> **¡Qué** + sustantivo + **más (tan)** + adjetivo + verbo + (sujeto)!

¡Qué acento **tan** musical tiene ella! *What a musical accent she has!*
¡Qué dialecto **más** raro habla Eloy! *What an odd dialect Eloy speaks!*

La nominalización de los adjetivos

A. En español un adjetivo puede funcionar como sustantivo. Para que tenga esta función, se omite el sustantivo y se mantiene el artículo definido o indefinido correspondiente.

el idioma español → el español los visitantes extranjeros → los extranjeros
el color azul → el azul unos chicos jóvenes → unos jóvenes

B. Con la nominalización se evita la repetición excesiva del mismo sustantivo. Observe las oraciones siguientes.

¿Prefieres los lugares turísticos o los (lugares) aislados? → Prefiero los aislados.
¿Do you prefer touristy places or isolated ones? → *I prefer isolated ones.*

PRACTICA ESCRITA
página 143

¡Qué guay!

Formas del presente de subjuntivo

A. Las terminaciones del presente de subjuntivo son siempre regulares. Para los verbos en **-ar** son las mismas (excepto la primera persona) que emplean los verbos terminados en **-er** en el presente de indicativo. Y viceversa, las terminaciones del presente de subjuntivo de los verbos terminados en **-er, -ir** son las que corresponden a los verbos terminados en **-ar** en el presente (excepto la primera persona).

INDICATIVO				SUBJUNTIVO			
-ar		**-er, -ir**		**-ar**		**-er, -ir**	
-o	-amos	-o	-emos	-e	-emos	-a	-amos
-as	-áis	-es	-éis	-es	-éis	-as	-áis
-a	-an	-e	-en	-e	-en	-a	-an

B. Para recordar la vocal dominante de estos tiempos verbales, memorice el siguiente esquema.

INDICATIVO	SUBJUNTIVO
-a	-e
-e, -i	-a

Ejemplo:

	INDICATIVO	SUBJUNTIVO
-ar	compramos	compremos
-er, -ir	entendemos, vivimos	entendamos, vivamos

C. Los verbos que tienen un cambio vocálico en la raíz (o → ue, e → ie) en el presente de indicativo lo tienen también en las mismas personas en el presente de subjuntivo, es decir, en todas las personas excepto **nosotros** y **vosotros.**

recordar

o → ue	o = o
recuerdo → recuerde	recordamos → recordemos

entender

e → ie	e = e
entiende → entienda	entendéis → entendáis

D. Los verbos terminados en **-ir** que tienen un cambio vocálico en la raíz (o → ue, e → ie, e → i), tienen otro cambio en la primera y segunda persona plural del subjuntivo: o → u, e → i.

dormir (morir...)		**preferir (sentir)**		**pedir (servir)**	
o → ue	o → u	e → ie	e → i	e → i	e → i
duerma	durmamos	prefiera	prefiramos	pida	pidamos
duermas	durmáis	prefieras	prefiráis	pidas	pidáis
duerma		prefiera		pida	
duerman		prefieran		pidan	

E. Los verbos que tienen la primera persona del presente de indicativo irregular utilizan esa raíz verbal en todas las formas del subjuntivo. (Vea el Repaso gramatical de la Unidad I, página 8.)

salir

PRESENTE DE INDICATIVO		PRESENTE DE SUBJUNTIVO	
salgo	salimos	**salga**	**salgamos**
sales	salís	**salgas**	**salgáis**
sale	salen	**salga**	**salgan**

F. Algunos verbos irregulares en el presente de subjuntivo son:

haber	**haya**
dar	**dé**
ir	**vaya**
saber	**sepa**
ser	**sea**
estar	**esté**

El subjuntivo con expresiones de duda y negación

A. Con verbos o expresiones que indican duda y negación se emplea en español el subjuntivo en la cláusula subordinada. Algunos de estos verbos y expresiones son:

negar	**dudar**	**es dudoso**
no creer	**no es seguro**	**no estar seguro (de)** (sujeto animado)

Dudo que **nieve** este fin de semana.

I doubt it will snow this weekend.

No creo que **haga falta** llevar abrigo al paseo.

I don't think it's necessary to take coats to the outing.

B. Cuando las expresiones anteriores se usan en oraciones que no indican duda ni negación, requieren el indicativo.

no negar	**no dudar**	**no hay duda**
creer	**es seguro**	**estar seguro (de)**

No hay duda que Martín lo **sabe,** pero no quiere decírnoslo.

There is no doubt that Martin knows it, but he doesn't want to tell us.

El subjuntivo con expresiones impersonales

A. La mayoría de las expresiones impersonales requieren el subjuntivo en español.

es (im)posible	**es fabuloso**	**conviene** (it's better, advisable)
es necesario	**es probable**	**basta** (it's enough)
es bueno	**es raro**	**parece** + adjetivo
es natural	**es justo** (it's fair)	

Es posible que **tenga** que ir de viaje el mes que viene.

It's possible that I have to take a trip next month.

Parece increíble que todavía **estés** enferma.

It seems unbelievable that you are still sick.

B. Las expresiones siguientes, sin embargo, usan el indicativo.

es cierto	**es verdad**	**es seguro**
es obvio	**es evidente**	**está claro**

Es verdad que **hay** expresiones intraducibles.

It's true that there are untranslatable expressions.

Cuando las expresiones anteriores se usan en oraciones negativas, requieren el subjuntivo.

No es verdad que el piloto **pueda** venir temprano.

It's not true that the pilot can come early.

C. Para usar una cláusula de subjuntivo con las expresiones impersonales es necesario que el sujeto de la oración subordinada sea distinto al de la principal. Si no hay cambio de sujeto se emplea el infinitivo. Compare:

Es necesario **cambiar** la imagen simplista de los hispanos.
(observación general)

It's necessary to change the simplistic image of Hispanics.

Es necesario que **cambiemos** la imagen simplista de los hispanos.
(sugerencia personalizada y específica)

It's necessary for us to change the simplistic image of Hispanics.

Así nos vemos / Así nos ven

PRACTICA ESCRITA
página 149 *Hamburguesas y tequila*

Las expresiones temporales con *hace*

A. Existen tres expresiones temporales diferentes con **hacer.** Observe el significado que tienen en inglés.

> **Hace** + período de tiempo + **que** + presente de indicativo

Hace dos días **que** llueve.　　　　*It has been raining for two days.*

PASADO _____ **x** llueve **x** PRESENTE

La acción de llover llega hasta el momento presente. Se indica la duración de esa acción: dos días.

> **Hacía** + período de tiempo + **que** + imperfecto de indicativo

Hacía dos días **que** llovía.　　　　*It had been raining for two days.*

PASADO _____ **x** llovía **x** _____ PRESENTE

La acción de llover tuvo lugar en el pasado. Se indica la duración de esa acción: dos días.

> **Hace** + período de tiempo + **que** + pretérito

Hace un mes **que** llovió.　　　　*It rained a month ago.*

llovió

PASADO _____ **x** _____ PRESENTE

La acción de llover ocurrió en un momento del pasado, pero no se indica cuánto tiempo duró.

B. Observe que cuando las cláusulas de las oraciones se invierten, en las dos primeras expresiones hay que emplear **desde hace** y **desde hacía**. Además, cuando se invierten las cláusulas, desaparece la conjunción **que**.

Llueve **desde hace** dos días.	*It has been raining for two days.*
Llovía **desde hacía** dos días.	*It had been raining for two days.*
Mi abuelo murió **hace** dos semanas.	*My grandfather died two weeks ago.*

¡Ojo! Cuando la frase en español es negativa se puede traducir al inglés de dos maneras distintas.

No montaba en bicicleta
desde hacía dos años.
{
It had been two years since I had ridden a bicycle.
I had not ridden a bicycle for two years.

Hace una semana **que no** hablo con ella.
{
I have not spoken to her for a week.
It's been a week since I have spoken to her.

PRACTICA ESCRITA
página 153

El eclipse

La *a* personal

A. La *a* **personal** precede el complemento directo del verbo si éste es una persona o un animal doméstico, y se omite si se trata de una cosa.

Voy a llamar **a** Mateo.

Tengo que llevar **al** gato al veterinario.

Compré un abrigo.

En ciertos casos, se puede omitir si se trata de personas no específicas o animales en general. Compare:

Vi **a** mucha gente en el parque. (gente que conozco)

Vi mucha gente en el parque. (desconocida)

Vi muchos perros en el parque. (en general)

B. También se usa la *a* **personal** antes de **alguien** y **nadie**.

¿Conoces **a alguien** aquí?

C. **No** se usa la *a* **personal** con los verbos **tener** y **haber**.

Hay un vendedor en la puerta.

Tenemos muchos amigos en la universidad.

¡Ojo! Cuando **tener** <u>no</u> significa posesión *(to have, own)*, sino que se puede traducir como *to keep, hold* sí se usa la *a* **personal**.

Tengo **a** mi niña en cama.	*I have (am keeping) my daughter in bed.*
Tienen **al** asesino en la cárcel.	*They have (are holding) the murderer in jail.*

Los pronombres de objeto directo e indirecto

A. Los pronombres tienen la función de sustituir a los nombres.

B. Los pronombres de objeto directo son:

SINGULAR	PLURAL
me	nos
te	os
lo, la	los, las

He sacado **la basura.** → **La** he sacado.
I have taken out the garbage. *I have taken it out.*
Va a investigar **las posibilidades.** → **Las** va a investigar.
She will look into the possibilities. *She will look into them.*
El escribió **el ensayo.** → El **lo** escribió.
He wrote the essay. *He wrote it.*

C. Los pronombres de objeto indirecto son:

SINGULAR	PLURAL
me	nos
te	os
le	les

Le comunicó la noticia **a Alberto.** → **Le** comunicó la noticia.
He told Alberto the news. *He told him the news.*
Les hemos escrito una carta **a las presidentas.** → **Les** hemos escrito una carta.
We have written the presidents a letter. *We have written them a letter.*

¡Ojo! Observe en las oraciones anteriores que en español aparece tanto el objeto indirecto (Alberto, las presidentas) como el pronombre de objeto indirecto **(le, les).** Este uso redundante es distintivo del español.

D. Cuando los dos tipos de pronombres van juntos, el objeto indirecto (OI) precede al directo (OD).

Nos pondrán **sus discos.** → **Nos los** pondrán.
  OI   OD   OI   OD
They will play their records for us. *They will play them for us.*

Me dio **el dinero** que me debía. → **Me lo** dio.
  OI   OD   OI   OD
He gave me the money he owed me. → *He gave it to me.*

E. Si el pronombre directo y el indirecto son de tercera persona, el indirecto **(le, les)** se transforma en **se.**

Manuel **le** contaría **una mentira a su hermana.** → Manuel **se la** contaría.
      OI   OD   OI   OI OD
Manuel must have told his sister a lie. *Manuel must have told it to her.*

Les hemos cobrado **los sellos a los clientes.** → **Se los** hemos cobrado.

OI   OD   OI   OI OD

We have charged the stamps to the clients.   *We have charged them to them.*

F. Los pronombres de objeto directo e indirecto generalmente van delante de los verbos conjugados, excepto en los siguientes casos.

- **estar** + gerundio (tiempos progresivos)

   Se lo estaban ocultando.   →   Estaban ocultándo**selo.**

   They were concealing it from them.

- verbo + infinitivo

   Me los querían vender.   →   Querían vendér**melos.**

   They wanted to sell them to me.

¡Ojo! Los pronombres pueden ir delante o detrás, pero **nunca** separarse.

G. Con los **mandatos afirmativos** los pronombres de objeto directo e indirecto **siempre** se colocan **detrás** y se añaden al mandato. Observe que el uso del acento gráfico es necesario, en ocasiones, cuando los pronombres tienen más de dos sílabas.

Ciérre**la.**	*Close it.*	Pon**lo** allí.	*Put it there.*
Escríban**melos.**	*Write them to me.*	Da**les** el dinero.	*Give them the money.*

H. Con los **mandatos negativos** los pronombres de objeto directo e indirecto se colocan entre el **no** y el mandato.

No **la** cierre.	*Don't close it.*
No **me los** escriban.	*Don't write them to me.*
No **te lo** pongas.	*Don't put it on.*
No **se las** entreguéis.	*Don't deliver them to them.*

El pronombre *it*

A. El pronombre *it* se traduce en español como **lo, la** cuando cumple la función de objeto directo del verbo.

INGLÉS	ESPAÑOL
*Subject + verb + **it** (direct object)*	**lo, la**

I have it (juguete).	Yo **lo** tengo.
Luisa bought it (cámara).	Luisa **la** compró.

B. Cuando *it* cumple la función de objeto indirecto se traduce como **le.**

INGLÉS	ESPAÑOL
*Subject + verb + **it** (indirect object) + direct object*	**le**

I gave it (my room) a good cleaning.	**Le** di una buena limpieza (a mi cuarto).

C. Cuando *it* tiene función de sujeto **no** se traduce **nunca.**

INGLÉS	ESPAÑOL
***It** (subject) + verb*	**Ø**

It rings.	Suena.
It is raining.	Está lloviendo.
It is important.	Es importante.

Cuidado con la inversión del sujeto en las interrogaciones que puede hacer que *it* parezca un complemento del verbo.

> *Is it (the rug) new?*   ¿Es nueva?

D. Recuerde que *I like it* se traduce en español como **me gusta** porque equivale a *it is pleasing to me.* Por ser el sujeto de la oración, *it* no se traduce.

Lo: uso del pronombre neutro

En español los verbos **ser, estar, parecer, saber** y **creer** requieren el uso del pronombre **lo** (invariable/neutro) cuando se omiten sus complementos (singulares, plurales, masculinos o femeninos).

> ¿Eres ahorrativo? Sí, **lo** soy.
>
> *Are you thrifty? Yes, I am.*
>
> ¿Están vacías las botellas? No, no **lo** están.
>
> *Are the bottles empty? No, they are not.*
>
> ¿Parecen venenosos estas plantas? Sí, **lo** parecen.
>
> *Do these plants seem poisonous? Yes, they do.*
>
> ¿Sabes que mañana cierran todos los bancos? Sí, **lo** sé.
>
> *Do you know that all banks will close tomorrow? Yes, I know.*
>
> ¿Crees que van a cambiar el día de la celebración? Sí, **lo** creo.
>
> *Do you think they are going to change the day of the celebration? Yes, I do.*

PRACTICA ESCRITA — *La historia de mi cuerpo*
página 157

Hay que / tener que / deber (de)

Hay que / tener que son expresiones que indican obligaciones inexcusables. **Hay que** es más general pues no se refiere a una persona específica. **Deber (de)** indica suposición o sugerencia y a veces tiene un sentido moral que no poseen las otras expresiones.

Hay que			*One must*	
Tienes que	}	leer la novela.	*You have/need to*	} read the novel.
Debemos (de)			*We ought to*	

¡Ojo! No se debe usar "necesitar" para sustituir estos verbos.

Formas y usos del presente perfecto de subjuntivo

A. El presente perfecto de subjuntivo se forma con el presente de subjuntivo del verbo **haber** y el **participio pasado** del verbo correspondiente. El uso de este tiempo verbal corresponde a *have + past participle.*

llegar

que	haya llegado	hayamos llegado
	hayas llegado	hayáis llegado
	haya llegado	hayan llegado

B. El presente perfecto, como los otros tiempos del subjuntivo, requiere

1. que el sujeto de la oración principal y el de la subordinada sean diferentes y
2. que exista en la cláusula principal un verbo, conjunción o expresión que exija el uso del subjuntivo.

Compare:

> **Nos alegramos de** que Ud. **haya encontrado** la casa. (subjuntivo)
>
> *We are glad that you found the house.*
>
> **Nos alegramos de haber encontrado** la casa. (infinitivo)
>
> *We are glad to have found the house.*

C. El presente perfecto de subjuntivo se usa para expresar una acción que ha ocurrido antes de la acción de la cláusula principal.

> Me alegro de que **hayas sacado** buenas notas.
>
> *I am glad that you got good grades.*
>
> (El hecho de **sacar buenas notas** es anterior al acto de **alegrarse.**)

Aquí estamos: los hispanos en EE UU

PRACTICA ESCRITA
página 161

¡Ay, papi, no seas coca-colero!

El imperativo

A. El imperativo es el modo verbal que se emplea para dar órdenes. Las formas verbales del imperativo también se llaman mandatos.

¡Dame un vaso de papel!	*Give me a paper cup!*
¡Llámame mañana!	*Call me tomorrow!*

B. Observe que:

1. las formas verbales son idénticas a las del subjuntivo, excepto las formas **afirmativas** de **tú** y **vosotros.***

2. la forma de **yo** no existe por razones obvias.

MANDATOS AFIRMATIVOS		MANDATOS NEGATIVOS	
yo = (no existe)	nosotros/as = subjuntivo	yo = (no existe)	nosotros/as = subjuntivo
*tú = 3ª persona del presente de indicativo	*vosotros/as = raíz verbal + **-ad, -ed, -id**	tú = subjuntivo	vosotros/as = subjuntivo
Ud. = subjuntivo	Uds. = subjuntivo	Ud. = subjuntivo	Uds. = subjuntivo

AFIRMATIVOS		NEGATIVOS	
	esperar		
_____	esperemos	_____	no esperemos
*espera	*esperad	no esperes	no esperéis
espere	esperen	no espere	no esperen

	AFIRMATIVOS		NEGATIVOS	

aprender

AFIRMATIVOS		NEGATIVOS	
_____	aprendamos	_____	no aprendamos
*aprende	*aprended	no aprendas	no aprendáis
aprenda	aprendan	no aprenda	no aprendan

escribir

AFIRMATIVOS		NEGATIVOS	
_____	escribamos	_____	no escribamos
*escribe	*escribid	no escribas	no escribáis
escriba	escriban	no escriba	no escriban

C. Los verbos que presentan un cambio vocálico en el presente de subjuntivo (página 30) lo mantienen en los mandatos, en las mismas personas gramaticales.

AFIRMATIVOS **NEGATIVOS**

volver (o → ue)

AFIRMATIVOS		NEGATIVOS	
_____	volvamos	_____	no volvamos
*vuelve	*volved	no vuelvas	no volváis
vuelva	vuelvan	no vuelva	no vuelvan

mentir (e → ie, e → i)

AFIRMATIVOS		NEGATIVOS	
_____	mintamos	_____	no mintamos
*miente	*mentid	no mientas	no mintáis
mienta	mientan	no mienta	no mientan

D. Los verbos que tienen irregular la primera persona singular del indicativo mantienen la irregularidad en los mandatos, excepto **tú** y **vosotros** en los mandatos **afirmativos.**

AFIRMATIVOS **NEGATIVOS**

traer

AFIRMATIVOS		NEGATIVOS	
_____	traigamos	_____	no traigamos
*trae	*traed	no traigas	no traigáis
traiga	traigan	no traiga	no traigan

E. Otras observaciones:

1. Los siguientes verbos tienen irregular la forma **tú** afirmativa del mandato.

decir	**di**	hacer	**haz**	ir	**ve**	ser	**sé**
salir	**sal**	tener	**ten**	poner	**pon**	venir	**ven**

2. El verbo **ir** tiene dos formas afirmativas aceptables para **nosotros: vamos** y **vayamos.** La única forma negativa es **no vayamos. Vamos a** + infinitivo equivale a la expresión del inglés *Let us* + infinitivo y es otra forma de expresar el mandato afirmativo de primera persona plural.

   Vamos a jugar.   *Let's play.*

3. Con los mandatos afirmativos los pronombres reflexivos y los de objetos (directo, indirecto y reflexivo) siempre se colocan detrás. Con los negativos los pronombres siempre se colocan delante.

   Haz**lo.**   *Do it.*   Levánte**se.**   *Get up.*

   No **lo** hagas.   *Don't do it.*   No **se** levante.   *Don't get up.*

4. La forma afirmativa de **nosotros** pierde la **-s** final cuando va seguida del pronombre **-nos** o **-se.**

> volvamos + nos = **volvámonos**   digamos + se lo = **digámoselo**
>
> *Let's return.*   *Let's tell it to her/him.*

5. La forma afirmativa de **vosotros** pierde la **-d** cuando va seguida del pronombre **-os.** Esto ocurre sólo con los verbos reflexivos.

> lavad + os = **lavaos**   vestid + os = **vestíos**   poned + os = **poneos**
>
> *Wash yourselves.*   *Dress yourselves.*   *Put it on.*

6. En los letreros públicos suelen utilizarse infinitivos como mandatos.

> **no fumar**   *no smoking*   **jalar/tirar**   *pull*
>
> **no pisar**   *no stepping*   **empujar**   *push*

El subjuntivo con verbos de deseo y emoción

A. Se usa el subjuntivo con verbos que expresan deseo y emoción. Algunos de estos verbos son:

querer	**esperar** *(to hope)*
preferir	**lamentar** *(to regret)*
molestar	**tener miedo (de)**
desear *(to wish)*	**sentir** *(to regret)*
gustar	**sorprenderse (de)**
temer *(to be afraid)*	**alegrarse de** *(to be glad)*

Papi, yo no **quiero** que tú **seas** coca-colero.

Lamentamos que estén enojadas.

Se alegran de que ya no **lloremos** más.

B. Cuando el sujeto gramatical es el mismo para la cláusula principal y la subordinada, debe emplearse el infinitivo y eliminarse **que.** Compare:

CLÁUSULA PRINCIPAL	CLÁUSULA SUBORDINADA
Yo **quiero ser** abogada.	Ø
I want to be a lawyer.	
Yo **quiero**	**que** tú **seas** abogada.
I want	*you to be a lawyer.*

En la segunda oración se usa el subjuntivo en la cláusula subordinada porque

1. hay dos sujetos diferentes (yo y tú).

2. el verbo **querer,** como expresa deseo, requiere el uso del subjuntivo.

Observe que para conectar las dos cláusulas es obligatorio el uso de **que.**

C. La palabra **ojalá (que),** aunque en español no es un verbo sino una exclamación, requiere **siempre** el uso del subjuntivo porque expresa **deseo.** Se traduce al inglés como *to wish* o *to hope.*

> **¡Ojalá (que)** nos toque la lotería!
>
> *We hope to win the lottery.*

In Between

El subjuntivo con verbos de petición y mandato

Se usa el subjuntivo en las cláusulas subordinadas si la cláusula principal contiene un verbo de petición o mandato y cada cláusula tiene un sujeto diferente. Algunos de estos verbos son:

mandar *(to order)*	**ordenar** *(to order)*	**pedir** *(to ask someone to)*
insistir en	**aconsejar** *(to advise)*	**rogar** *(to beg)*
impedir *(to prevent)*	**recomendar**	**prohibir** *(to forbid)*
escribir *(to order in writing)*	**decir** *(to order or tell)*	**exigir** *(to demand)*

Mi jefe me **ha ordenado que prepare** un informe.
My boss has ordered me to prepare a report.
No le **permitirán que guarde** el secreto.
They will not allow him/her to keep the secret.

¡Ojo! Incluso con cambio de sujeto, estos verbos admiten el uso del infinitivo. Observe:

Aquí nos **impiden fumar.**   Aquí nos **impiden que fumemos.**
Here they forbid smoking.

Me **piden apagar** el cigarrillo.   Me **piden que apague** el cigarrillo.
They ask me to put out my cigarette.

No se puede emplear el infinitivo cuando el sujeto de la cláusula subordinada es un sustantivo.

Aquí **impiden** que **fumen** los empleados.
Here they forbid employees' smoking.

Formas y usos del imperfecto de subjuntivo

A. Se forma con la tercera persona plural del pretérito, eliminando **-on** y añadiendo las terminaciones siguientes: **-a, -as, -a, -amos, -ais, -an.**

PRETÉRITO DE INDICATIVO		IMPERFECTO DE SUBJUNTIVO
encontraron	→	que yo encontrara
conocieron	→	que tú conocieras
salieron	→	que ella saliera

	encontrar		**conocer**		**salir**
que	encontrara	que	conociera	que	saliera
	encontraras		conocieras		salieras
	encontrara		conociera		saliera
	encontráramos		conociéramos		saliéramos
	encontrarais		conocierais		salierais
	encontraran		conocieran		salieran

B. Recuerde que algunos verbos tienen formas irregulares en el pretérito. (Vea el Repaso gramatical de la Unidad I, páginas 19–20.) Estas irregularidades siempre se mantienen en el subjuntivo. Algunos ejemplos son:

	PRETÉRITO		IMPERFECTO DE SUBJUNTIVO
dar	ellos dieron	→	que yo diera
poner	ellos pusieron	→	que yo pusiera
decir	ellos dijeron	→	que yo dijera
venir	ellos vinieron	→	que yo viniera

C. El imperfecto de subjuntivo se usa en la cláusula subordinada cuando el verbo de la cláusula principal está en pasado y requiere el uso del subjuntivo; es decir, cuando el verbo expresa emoción, deseo, petición o mandato, y hay cambio de sujeto.

> En la universidad le **aconsejaron que estudiara** las lenguas romances.
> *At the university they advised him to study Romance languages.*
> Probablemente, la psicóloga le **pediría que recordara** sus sueños.
> *The psychologist would probably ask him to remember his dreams.*

D. La correspondencia temporal entre la cláusula principal y la subordinada es la siguiente.

TIEMPOS DEL PASADO

INDICATIVO	SUBJUNTIVO
imperfecto (**-ía, -aba**)	imperfecto
pretérito (**-é, í**)	imperfecto
pluscuamperfecto (**había** + part. pasado)	imperfecto
condicional (**-ría**)	imperfecto
condicional perfecto (**habría** + part. pasado)	imperfecto

¡Ojo! En ocasiones, y de acuerdo con el significado de la oración, se puede usar el imperfecto de subjuntivo cuando el verbo principal está en presente. Este uso es muy limitado.

> **Dudo** mucho que lo **encontraran** ayer.
> *I really doubt that they found it yesterday.*

PRACTICA ESCRITA
página 171

Nocturno chicano / Canción de la exiliada

Los prefijos

A. Los prefijos son partículas que se anteponen a una palabra y cambian su significado.

ocupado *busy*   **des**ocupado *not busy*   **pre**ocupado *worried*

B. Los prefijos más comunes en español son los siguientes:

PREFIJO	SIGNIFICADO	INGLÉS	EJEMPLOS
a	negación	*a, ab-*	normal/**a**normal
co-, com-, con-	en compañía de	*co-, com-*	partir/**com**partir
de-, des-	negación, acción inversa	*un-, des-*	enchufar/**des**enchufar *(to plug/unplug)* hacer/**des**hacer
en-, em-*	encierro o inclusión, cambio	*im-, in-, un-*	cárcel/**en**carcelar; paquete/**em**paquetar pobre/**em**pobrecerse
in-, im-*	negación	*-im, in-, -il*	prudente/**im**prudente; soportable/**in**soportable
pre-	antes	*pre-*	juicio/**pre**juicio
re-	repetición, otra vez, intensificación	*re-*	hacer/**re**hacer; conocer/**re**conocer bueno/**re**bueno

*Recuerden que antes de las letras **b** y **p** en español se usa <u>siempre</u> **m.**

Unidad II • Capítulo 6 • REPASO GRAMATICAl

Los sufijos

Los sufijos son partículas que se posponen a una palabra para formar otras derivadas o cambiarlas a distintas partes de la oración *(parts of speech)*. Por ejemplo, de verbo a sustantivo o adjetivo y viceversa. Algunos de los sufijos más comunes en español son:

SUFIJO	FORMAN	SIGNIFICADO	INGLÉS	EJEMPLOS
-able, -ible	adjetivos	capacidad	*-able, -ible*	amar → am**able,** creer → cre**íble**
-ción	sustantivos (femeninos)	acción, efecto	*-tion*	atender → la aten**ción** intentar → la inten**ción**
-dad	sustantivos abstractos (femeninos)	cualidad	*-ty, -ness*	igual → igual**dad** capaz → la capaci**dad** mal → mal**dad**
-eza	sustantivos abstractos (femeninos)	cualidad	*-y, -ness*	bello → la bell**eza** pobre → la pobr**eza** rico → la riqu**eza**
-ismo	sustantivos abstractos (masculinos)	sistema, doctrina, actitud, deportes	*-ism*	expresión → el expresion**ismo** católico → el catolic**ismo** material → el material**ismo** púgil → el pugil**ismo**
-ista	sustantivos (masculinos o femeninos) adjetivos	partido, profesión, cualidad	*-ist*	social → el/la social**ista** masaje → el/la masaj**ista** impresión → impresion**ista**
-mente	adverbios	modo	*-ly*	fácil → fácil**mente**
-miento	sustantivos	acción, efecto	*-ment*	entretener → entreteni**miento**
-oso/a	adjetivos	cualidad, abundancia	*-ous*	furia → furi**oso/a** peligro → peligr**oso/a**

Los tiempos progresivos

A. Con **estar** + el gerundio se forman los tiempos progresivos. La forma progresiva puede ocurrir en cualquier tiempo y modo.

INDICATIVO

presente:	**Estoy empezando** a comprender.
	I am beginning to understand.
imperfecto:	**Nos estábamos divirtiendo** mucho.
	We were enjoying ourselves a lot.
pretérito:	**Estuvo trabajando** hasta la medianoche.
	He/She was working until midnight.
futuro:	La charla les **estará aburriendo**.
	The talk is probably boring them.
condicional:	**Estaríais escuchando** tras la puerta.
	You were probably listening behind the door.
presente perfecto:	**Hemos estado esperándola** toda la tarde.
	We have been waiting for her all afternoon.
pluscuamperfecto:	**Habíamos estado preocupándonos** sin razón.
	We had been worrying unnecessarily.
futuro perfecto:	**Habrá estado escribiendo** un poema.
	He/She has probably been writing a poem.
condicional perfecto:	**Habría estado reclamando** sus derechos.
	He/She had probably been demanding his/her rights.

SUBJUNTIVO

presente:	Ojalá que Ana María **esté pensando** en mí.
	I hope that Ana María is thinking about me.
imperfecto:	Si **estuvierais estudiando** en casa, os encontraríais más cómodas.
	If you were studying at home, you would be more comfortable.
presente perfecto:	Siento que **hayas estado esperando** tanto rato.
	I am sorry that you have been waiting for so long.
pluscuamperfecto	No creía que Ignacio nos **hubiera estado vigilando**.
	I did not believe that Ignacio had been watching us.

B. También se usa el gerundio después de **seguir, continuar, andar, ir** y **venir**.

Virtudes **siguió estudiando**.	*Virtudes kept on studying.*
Continuaremos pintando.	*We will continue painting.*
Andabas investigando no sé qué.	*You went around investigating I don't know what.*
Voy sobreviviendo.	*I go on surviving.*

C. En español la forma progresiva **no** se utiliza con los verbos **llevar, tener, saber, ir** y **venir.**

Paulina **llevaba** un sombrero verde.　→　*Paulina was wearing a green hat.*

Rogelio **tenía** un aventura amorosa.　→　*Rogelio was having a love affair.*

¡Ya **voy!**　→　*I am coming!*

D. En español, a diferencia del inglés, el presente progresivo no se usa nunca para expresar una acción futura. Se emplea el futuro o **ir + a** + infinitivo.

Estamos cenando con unos amigos.
We are having dinner with some friends (now).

Vamos a cenar con unos amigos mañana por la noche.
We are having dinner with some friends tomorrow night.

PRACTICA ESCRITA
página 191

Preso sin nombre, celda sin número

El subjuntivo en cláusulas adjetivales

A. Se llaman cláusulas adjetivales a aquellas frases que tienen la función de un adjetivo. Recuerde que un adjetivo acompaña siempre a un sustantivo. Compare las oraciones siguientes.

Timerman estuvo encerrado en una cárcel ⎰ clandestina.
　　　　　　　　　　　　　　　　　　　⎱ que era clandestina.

Clandestina y **que era clandestina** tienen la misma función con respecto a cárcel, que es su antecedente. En español el verbo de la cláusula adjetival va en indicativo cuando el sustantivo al cual se refiere (esto es, su antecedente) existe, y se usa el subjuntivo cuando no existe o se duda de su existencia.

Conocí a alguien que **había estado** en una cárcel clandestina.
I met somone who had been in an underground/clandestine prison.

En mi país no hay cárceles que **sean** clandestinas.
In my country there are no underground/clandestine prisons.

B. Para determinar si el antecedente de una cláusula adjetival existe o no, se debe leer cuidadosamente la cláusula principal. En general, verbos como **encontrar, tener, conocer** y **haber** requieren el indicativo, mientras que con **buscar, necesitar, no tener, no haber** y **no conocer** se emplea el subjuntivo. No obstante, si los primeros aparecen en una pregunta, suelen usar el subjuntivo.

Tenemos un amigo que **ha pasado** dos años en París.
We have a friend who has spent two years in Paris.

No tenemos ningún amigo que **haya pasado** dos años en París.
We don't have any friends who have spent two years in Paris.

¿Tienen Uds. algún amigo que **haya estado** en París?
Do you have a friend who has been in Paris?

C. También la presencia de un artículo definido, un adjetivo posesivo o uno demostrativo delante del antecedente sugiere normalmente que existe, mientras que la presencia de un artículo o pronombre indefinido implica que no existe.

No conozco a <u>la</u> mujer que **está hablando** con Alberto.
I don't know the woman who is talking to Alberto.

No les gustan <u>los</u> hombres que **beben** demasiado.

They don't like men who drink too much.

Buscaba a <u>alguien</u> que **comprendiera** la química orgánica.

He was looking for someone who understood organic chemistry.

Observe que en todos los ejemplos anteriores lo que une la cláusula principal con la cláusula adjetival es el pronombre relativo **que,** traducible en inglés como *who, that, which.*

La casa que alquilamos tenía una piscina enorme.

The house <u>that</u> we rented had a huge swimming pool.

El imperfecto de subjuntivo en -se

El imperfecto de subjuntivo tiene dos terminaciones en español. Aunque la más frecuente es la que se ha estudiado hasta ahora **(-ra),** también se utiliza **-se.** Esta terminación también se añade a la tercera persona plural del pretérito eliminando **-ron.** Las terminaciones son: **-se, -ses, -se, -semos, -seis, -sen.**

traicionar	**deber**	**subir**
traiciona**se**	debie**se**	subie**se**
traiciona**ses**	debie**ses**	subie**ses**
traiciona**se**	debie**se**	subie**se**
traiciná**semos**	debié**semos**	subié**semos**
traiciona**seis**	debie**seis**	subie**seis**
traiciona**sen**	debie**sen**	subie**sen**

PRACTICA ESCRITA
página 195

Pan

El subjuntivo: conjunciones de propósito, excepción y condición

Después de las conjunciones que indican **propósito, excepción, condición** se emplea <u>siempre</u> el subjuntivo.

CONDICIÓN + SUBJUNTIVO	**PROPÓSITO + SUBJUNTIVO**	**EXCEPCIÓN + SUBJUNTIVO**
a condición (de) que *(on the condition that)*	para que *(in order that)*	salvo que *(unless)*
con tal (de) que *(provided that)*	a fin de que *(in order that)*	a no ser que *(unless)*
en caso de que *(in case)*	de modo/manera que *(so that)*	a menos que *(unless)*
siempre que *(as long as)*		
sin que *(without)*		

Te mando este ramo de rosas **para que** no me olvides.

Saldremos a las 4 de la madrugada **a menos que** nos quedemos dormidas.

Los diminutivos

A. En el lenguaje cotidiano es frecuente el uso de diminutivos para indicar el tamaño reducido de un objeto o persona. También se emplean para mostrar cariño, ternura y compasión. A veces, con adjetivos, pueden implicar desprecio o ironía.

cerdito, hermanita, listillo

little pig, little sister, smart aleck

B. Las terminaciones del diminutivo son varias: **-ito/a, -illo/a** e **-ico/a.** La más común es **-ito/a** y esta forma aparece detrás de palabras que terminan en **-o/a, -l** y **-s.**

-ito/a	año	→	añito
	árbol	→	arbolito
	Tomás	→	Tomasito

C. Se utiliza **-cito/a** después de palabras que terminan en **-r, -n** y **-e** y en vocales acentuadas.

-cito/a	amor	→	amorcito
	canción	→	cancioncita
	verde	→	verdecito
	café	→	cafecito

D. Después de palabras monosilábicas se usa normalmente **-ecito/a.**

-ecito/a	pan	→	panecito
	pez	→	pececito
	sol	→	solecito

E. Se pueden formar diminutivos no sólo de sustantivos y adjetivos, sino también de adverbios.

ahora → ahorita   cerca → cerquita   luego → lueguito

F. Observe el cambio ortográfico que sufren las palabras que terminan en:

-co/a → **-quito/a**	**-go/a** → **-guito/a**	**-zo/a, -z** → **-cito/a**
loco → lo**qui**to	Diego → Die**gui**to	moza → mo**ci**ta
poca → po**qui**ta	larga → lar**gui**ta	voz → vo**ceci**ta

Lenguaje y comportamientos sexistas

PRÁCTICA ESCRITA
página 219

El texto libre de prejuicios sexuales

Las dos maneras de expresar la voz pasiva en español

En español existen dos formas de expresar la voz pasiva.

- con el verbo **ser**
- con el pronombre **se**

La segunda se utiliza más frecuentemente que la primera. (Vea el Repaso gramatical de la Unidad III, página 58.)

A. La voz pasiva con **ser**

> Sujeto + **ser** + participio pasado + (**por** + agente)

1. Recuerde que en la pasiva con el verbo **ser,** el participio funciona como adjetivo y, por lo tanto, concuerda con el sujeto.

    Estas propuestas **han sido aceptadas por** todos.

    These proposals have been accepted by everybody.

2. La voz pasiva puede ocurrir en cualquier tiempo y modo.

    Ojalá que el sexismo **sea/fuera eliminado** completamente **por** las generaciones futuras.

    I hope that sexism may/might be completely eliminated by future generations.

3. La voz pasiva no debe confundirse con la estructura **estar** + participio.

SER	ESTAR
Estos problemas no **han sido resueltos por** los lingüistas.	Estos problemas no **están resueltos** todavía.
These problems have not been resolved by linguists.	*These problems are not resolved yet.*
Los trabajos **son corregidos por** los ayudantes.	Los trabajos ya **están corregidos.**
The papers are corrected by the assistants.	*The papers are already corrected.*

Unidad IV • Capítulo 10 • REPASO GRAMATICAL

A. La voz pasiva con **se**

La voz pasiva con **se** se utiliza cuando **no** hay un agente expreso en la oración. Si lo hay, sólo se puede emplear la forma con el verbo **ser** + participio + **por** + agente.

> **Se** tratará el asunto en la próxima reunión.
> *The issue will be addressed at the next meeting.*
> El asunto **será tratado** por el comité ejecutivo.
> *The issue will be addressed by the executive committee.*

La voz pasiva con **se** presenta dos estructuras gramaticales diferentes, una para objetos inanimados y la otra para seres animados. Objetos inanimados son, por ejemplo, una roca, un árbol, una pizarra, una pelota. Los seres animados son básicamente las personas y los animales.

> **Se** + verbo en tercera persona singular o plural + sujeto inanimado

> **Se redactaron** esas leyes en 1986.
> *Those laws were written in 1986.*
> Algún día **se eliminará** el tratamiento sexista.
> *Sexist forms of address will be eliminated someday.*

Observe que en español el verbo va en tercera persona (singular o plural) y concuerda con el sujeto inanimado **(esas leyes** y **el tratamiento sexista).**

> **Se** + verbo en tercera persona singular + **a** + ser animado

> **Se cita a** las escritoras como categoría aparte.
> *Women writers are cited as a category apart.*
> **Se ha consultado a** la mejor ingeniera de minas.
> *The best mining engineer has been consulted.*

En los ejemplos anteriores los sustantivos **escritoras** e **ingeniera** cumplen la función de objeto (directo) y van precedidos de **a.** El verbo va **siempre** en tercera persona singular. En cambio, *women writers* y *engineer* cumplen en inglés la función de sujeto gramatical y el verbo concuerda con esos sustantivos.

Se emplea una estructura pasiva con **se** diferente para los seres animados porque cuando éstos cumplen la función de sujeto gramatical y hay un pronombre **se,** la oración es reflexiva o recíproca, nunca pasiva. Es por esa causa que en la voz pasiva con **se,** el ser animado cumple la función de objeto directo o indirecto, pero nunca de sujeto.

ORACIÓN PASIVA	ORACIÓN REFLEXIVA
Se presentó **a** <u>Kiko</u>.	<u>Kiko</u> **se** presentó (a sí mismo).
OD	SUJETO
<u>Kiko</u> was introduced.	*<u>Kiko</u> introduced himself.*
SUJETO	SUJETO

ORACIÓN PASIVA

Se apoya **a** <u>las mujeres</u>.

OD

<u>Women</u> are supported.

SUJETO

ORACIÓN RECÍPROCA

<u>Aquellas mujeres</u> **se** apoyan unas a otras.

SUJETO

<u>Those women</u> support each other.

SUJETO

Note que en los ejemplos anteriores **Kiko** y **las mujeres** tienen la función de objeto directo en la oración pasiva y de sujeto en la oración reflexiva o recíproca. En inglés, sin embargo, *Kiko* y *women* tienen la función de sujeto en ambos casos.

PRACTICA ESCRITA
página 225

La princesa vestida con una bolsa de papel

Repaso del pretérito e imperfecto (tercer repaso)

(Vea el Repaso gramatical de la Unidad I, página 18.)

Los sustantivos femeninos irregulares

El femenino de los sustantivos se forma regularmente cambiando la **-o, -e** por **-a** (mozo/moza, jefe/jefa). Sin embargo hay una serie de sustantivos cuya forma femenina no sigue esta regla.

TÍTULOS/PROFESIONES	MASCULINO	FEMENINO
	el príncipe	la princesa
	el rey	la reina
	el emperador	la emperatriz
	el actor	la actriz
RELACIONES FAMILIARES/GENÉRICAS	**MASCULINO**	**FEMENINO**
	el hombre	la mujer
	el padre	la madre
	el marido/esposo	la esposa*
	el varón	la hembra
ANIMALES	**MASCULINO**	**FEMENINO**
	el caballo	la yegua
	el toro	la vaca
	el macho	la hembra

* En algunos países hispanos es muy frecuente el uso de la palabra "mujer" o "señora" para referirse a la esposa.

Palabreo

Los pronombres de objeto directo e indirecto (segundo repaso)

(Vea el Repaso gramatical de la Unidad II, página 34.)

	OD	OI
SINGULAR	me te lo, la	me te le
PLURAL	nos os los, las	nos os les

Cortaron **la calle** a causa de la construcción. → **La** cortaron.
      OD   OD
They closed the street due to the construction. → *They closed it.*

El candidato **nos** prometió **unas elecciones democráticas.** → **Nos las** prometió.
         OI   OD   OI OD
The political candidate promised us a democratic election. → *He promised it to us.*

En español, cuando el sustantivo con función de objeto directo se pone delante del verbo, hay que utilizar el pronombre de objeto directo correspondiente (**lo, los, la, las**) delante del verbo. Esto sólo ocurre con los objetos directos de tercera persona.

Vemos **a tus hermanos** en todas partes. → A tus hermanos **los** vemos en todas partes.
         OD   OD   OD

Yo haré **la comida** hoy. → La comida **la** haré yo hoy.
        OD   OD   OD

Lo: uso del pronombre neutro (segundo repaso)

(Vea el Repaso gramatical de la Unidad II, página 36.)

A. Recuerde que con los verbos **ser, estar, parecer, saber** y **creer** se usa el pronombre **lo**, que es invariable. La función que tiene este pronombre no es de objeto directo, sino de **atributo** o **complemento.** Esa es la terminología empleada en lingüística.

    ¿A que Rafael y Antonio parecen hermanos? —Sí que **lo** parecen.
    Don't you think that Rafael and Antonio look like brothers? — Yes, they do.

B. También **lo** puede sustituir a toda una oración.

    Les recordó **que fueran a la compra.** → **Se lo** recordó.
    OI   OD   OI OD
    He reminded them to go grocery shopping. → *He reminded them about it.*

C. Con el verbo **saber** y con el pronombre indefinido **todo** cuando funciona de objeto directo, se utiliza siempre **lo.**

    Lo sé.   *I know.*
    Lo ha visto **todo.**   *He saw everything.*

UNIDAD I TRADICION Y CAMBIO

Preliminares

A. Preste atención al género gramatical de estas palabras y luego escriba el artículo definido **(el, la, los** o **las)** correspondiente en el espacio en blanco.

1. _____ sistemas
2. _____ pianista
3. _____ legumbre
4. _____ nación
5. _____ pueblos
6. _____ coche
7. _____ mesa
8. _____ foto
9. _____ peines
10. _____ gente
11. _____ manos
12. _____ ciudades
13. _____ día
14. _____ leche
15. _____ parte

B. Reescriba la expresión con el sustantivo que aparece entre paréntesis. Recuerde concordar los sustantivos con los adjetivos y los artículos.

Ejemplo: una persona fuerte   (carácter)   *un carácter fuerte*

1. un comportamiento dócil   (personalidad)   _____
2. unas blusas ridículas   (trajes)   _____
3. un hombre cortés   (actitud)   _____
4. una alumna preguntona   (clientes)   _____
5. unos turistas bilingües   (ediciones)   _____
6. un novio joven   (persona)   _____
7. unas pirámides mayas   (dios)   _____
8. unos vehículos mejores   (vida)   _____
9. un sombrero cordobés   (tradición)   _____
10. una pintura expresionista   (film)   _____

C. Describa el cuarto de esta joven explicando la posición de unas cosas en relación con otras. Utilice diferentes **preposiciones.**

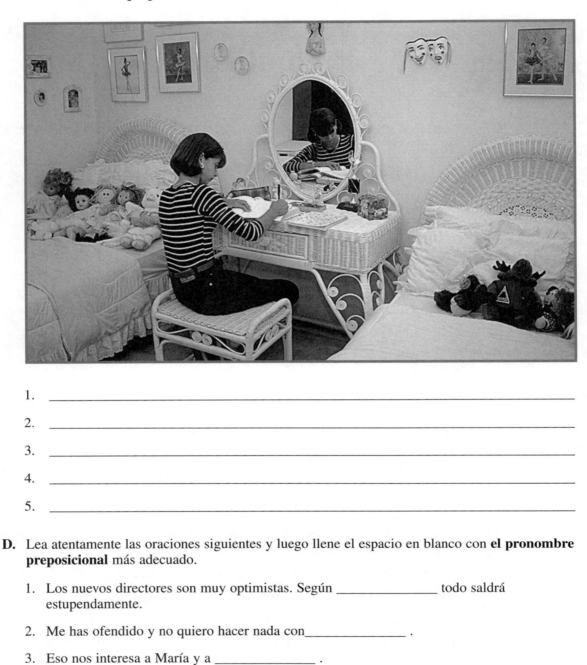

1. _____

2. _____

3. _____

4. _____

5. _____

D. Lea atentamente las oraciones siguientes y luego llene el espacio en blanco con **el pronombre preposicional** más adecuado.

1. Los nuevos directores son muy optimistas. Según _____ todo saldrá estupendamente.

2. Me has ofendido y no quiero hacer nada con_____ .

3. Eso nos interesa a María y a _____ .

4. Martín y yo somos buenos amigos. Entre _____ y _____ no hay secretos.

5. Sé que lo hago muy mal, pero, por favor, no se burlen de _____ .

6. Maribel es una maravilla. Estoy enamorado de _____ .

7. ¡Cómo eres, Margarita! Todos estamos exhaustos excepto _____ .

8. Quiero tanto a Paco que haría cualquier cosa por _____ .

E. Conteste las oraciones siguientes con **el pronombre preposicional** correspondiente.

1. ¿Vive Ud. con sus padres?

   _____

2. ¿Comparte *(share)* su dormitorio con su hermano/a?

   _____

3. Según sus amigos, ¿quién es el más inteligente? ¿Y según Ud.?

   _____

4. ¿Por quién se preocupa más su madre: por su padre o por Ud.?

   _____

5. A veces ¿se enfada con Ud. su compañero/a de cuarto?

   _____

6. Encima de su escritorio, ¿qué hay?

   _____

7. ¿Sale Ud. a menudo con sus abuelos?

   _____

8. ¿Se acuerda constantemente de sus enemigos?

   _____

UNIDAD I TRADICION Y CAMBIO

CAPITULO
I

El ocio

**REPASO
GRAMATICAL**
página 5

Bares a millares

Palabra por palabra / Mejor dicho

Llene los espacios en blanco usando la palabra correcta del vocabulario.

1. El _____ ocio _____ es algo maravilloso. Durante ese tiempo uno hace lo
que quiere.

2. No se puede entrar solo en ese club; hay que tener un/a _compañante, amigo, socio_.

3. El _____ músico _____ salió cantando del concierto.

4. La _____ encuesta _____ no es aceptable porque no representa la opinión de
_____ todo el mundo.

5. No tengo _una cita_ con él pero necesito verlo. Es una emergencia.

6. Algunas _personas_ no tienen ninguna consideración.

7. Mis vecinos del quinto piso han pasado el verano en un _pueblo_
de la costa.

8. Mucha _gente_ ya ha comprado la nueva guía turística de Quito.

9. Esta noche Rosa _sale_ con Rodrigo. Van a ir a un concierto.

10. El _verano_ de trabajo de los camareros españoles es de 12 de
la mañana a 12 de la noche.

Repaso gramatical

A. Escriba en el espacio en blanco la forma del **presente de indicativo** de los verbos entre paréntesis.

En el barrio de Malasaña donde yo ___vivo___ (vivir), la gente ___pasa___ (pasar) mucho tiempo en una cafetería que se ___llama___ (llamar) Bob's. Allí algunos clientes ___leen___ (leer) el periódico del día, otros ___escriben___ (escribir) cartas y otros ___firman___ (firmar) contratos o ___realizan___ (realizar) negocios importantes. Los niños ___beben___ (beber) refrescos y a veces ___comen___ (comer) helados o cosas parecidas mientras sus padres ___conversan___ (conversar). Todo el mundo ___parece contento___ (parecer) contento. Yo los ___observo___ (observar), ___escucho___ (escuchar) y ___medito.___ (meditar).

Unidad I Tradición y cambio

B. Escriba cinco oraciones en **el presente de indicativo** escogiendo un sujeto de la lista **A** y un verbo de la lista **B.** Añadan las palabras necesarias a cada oración para completar su significado.

A	B	
los camareros	invitar	mirar
tú	beber	discutir
Ud.	comer	tomar
nosotros	reunir	realizar
yo	preparar	romper
vosotros	asistir	prohibir
	escuchar	protestar
	vivir	esperar
	hablar	

1. _____

_____

2. _____

_____

3. _____

_____

4. _____

_____

5. _____

_____

C. Cuando sale Ud. con sus amigos/as, ¿quién paga? ¿Se paga cada uno/a lo suyo? ¿Dividen la cuenta y pagan todos/as lo mismo? ¿Pagan más unas personas que otras? ¿Paga siempre la misma persona? ¿Y cuando celebran el cumpleaños de alguien? ¿Y cuando sale con sus padres? Explique en un párrafo cómo acostumbra a hacerlo Ud. Utilice el **presente de indicativo.**

_____

_____

_____

_____

_____

_____

_____

_____

Unidad I • Capítulo I • PRÁCTICA ESCRITA

D. Llene el espacio en blanco con el tiempo presente de **ser, estar** o **haber** (forma impersonal). A la derecha de la oración escriba la razón por la que ha usado ese verbo.

Ejemplo: El pisco y la chicha _____*son*_____ dos bebidas alcohólicas típicas de Perú y de Chile.

(Hay que usar "ser" porque el complemento/atributo ["bebidas"] es un sustantivo.)

1. Nosotros _____ en Europa.

2. _____ muchos bares en España.

3. El bar _____ un lugar de encuentros.

4. ¿Dónde _____ el banquete?

5. Vosotros _____ excepcionales.

6. La conferencia _____ en San Antonio.

7. En ese bar siempre _____ gente muy bien vestida.

8. Ir al bar _____ una costumbre hispánica.

9. En este libro _____ datos interesantes. _____ que leerlo.

10. Hoy todo el mundo _____ de buen humor.

11. Mi jefe _____ demócrata, pero yo _____ republicano.

12. Muchos españoles _____ de vacaciones.

13. El maguey _____ una planta de la que se extrae alcohol.

14. Aquí _____ suficiente limonada para todas nosotras.

15. Algunos de los invitados _____ hondureños.

E. Acaba de recibir un mensaje electrónico de alguien que quiere saber cómo es Ud. Háblele de Ud. mismo/a utilizando los verbos **ser** y **estar.** ¿Va a decirle la verdad o se va a inventar algunas cosas?

_____

_____

_____

_____

_____

_____

_____

_____

Nombre _____ Fecha _____

F. Primero marque las palabras siguientes que se refieren a una actividad *(ongoing event)*. Después, utilizando esas palabras como sujeto, escriba cinco oraciones. ¿Qué verbo deberá usar—**ser** o **estar?**

la reunión	el concierto	las elecciones	la película *(screening)*
la carta	el partido de fútbol	las notas	el aula *(classroom)*
la iglesia	el baile	la boda *(wedding)*	la ceremonia de graduación

1. _____

2. _____

3. _____

4. _____

5. _____

G. A continuación tiene una serie de oraciones con **ser** y **estar** + adjetivo. Explique por qué se ha usado **ser** y no **estar** o viceversa.

1. Mi padre y yo medimos 2 metros. <u>Somos muy altos.</u>

2. El avión <u>está muy alto</u>.

3. Acaban de cumplir 70 años pero, para su edad, <u>están jóvenes</u>.

4. Quieren casarse a los 19 años. ¿No crees que <u>son demasiado jóvenes</u>?

5. El mar <u>está negro</u> por causa de una catástrofe ecológica.

6. El petróleo <u>es negro</u>.

7. Desde que empezó esa dieta, Javier <u>está muy maniático</u> *(finicky)*.

8. Javier <u>es muy maniático</u>. No le gusta que nadie le toque sus cosas.

9. Todos los accesorios de Barbie, incluso las sábanas *(sheets)*, <u>son rosas</u>.

10. Lavé la ropa blanca con un jersey rojo y ahora todas las sábanas <u>están rosas</u>.

H. Siga el modelo del ejercicio anterior y escriba tres oraciones contrastando el uso de **ser** y **estar** + adjetivo. Tradúzcalas al inglés.

1. _____
   _____

2. _____
   _____

3. _____
   _____

Creación

Le han pedido a Ud. que escriba sobre un bar, restaurante, pub, etc. de su ciudad para una guía turística. Preste atención **al presente de indicativo** y a los verbos **ser, estar** y **haber** (forma impersonal). A continuación tiene un modelo. Escriba su composición en una hoja aparte.

> Este café-bar se llama *Don Paco* y está en la Plaza de Oriente de Madrid. Es un local nuevo y pequeño. Tiene aire acondicionado y está muy limpio. Está abierto de las 12 de la mañana a las 2 de la madrugada, todos los días. Siempre hay mucha gente joven. Preparan unas ensaladas, espaguetis, patés y ahumados que son exquisitos. También los quesos y los postres son deliciosos. Los camareros son amables y diligentes.

Phrases:	*Describing places & objects; Talking about the present; Stating a preference*
Grammar:	*Verbs:* ser & estar; *Demonstrative:* este, ese, aquel; *Adjective: agreement*
Vocabulary:	*Food: restaurant; Monument; Leisure*

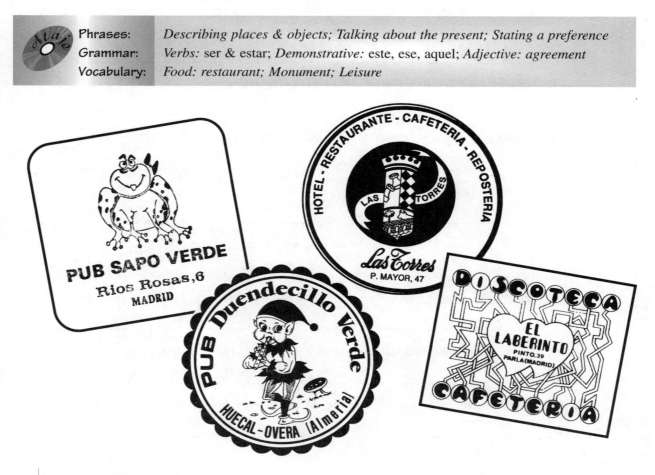

Picar a la española

Palabra por palabra / Mejor dicho

A. Primero subraye la palabra del vocabulario que se ha utilizado en las frases siguientes. Luego, complete las frases de modo original.

1. Si no escuchas la radio no vas a enterarte de _que restaurante tienen mas las tapas delicosas_.

2. Antes de almorzar, ellos suelen _regresado a trabajar_ .

3. Esta receta (*recipe*) no tiene sentido porque _no hay medidas._ .

4. El camarero nos mostró _un carta de tapas._ .

5. _El partido_ nos resulta imposible.

6. Le ponemos una servilleta alrededor del cuello porque _la comida es sucio._ .

7. *Gratis* quiere decir _nada, por que no lo entiendo._ .

8. Con el té lo más apetecible es _la tapa de jamón._ .

9. _Teresa_ está libre y _quiere estudiar mañana._ .

10. No somos capaces de _bebido todos cervezas_ .

11. Voy a pedirles a los Reyes Magos (o a Santa Claus) _por un caro nuevo._ .

12. Para evitar que entren las moscas por la ventana _, cerra las ventanas._ .

B. Elija una de las palabras entre paréntesis para completar correctamente las frases siguientes.

1. Ese taxi está (gratis / (libre)).

2. Alguien en la calle me acaba de dar una Biblia ((gratis) / libre).

3. En algunos restaurantes mexicanos los nachos son ((gratis) / libres).

4. Perú es un país (gratis / libre) e independiente.

5. ((Pregúntame) / Pídeme) lo que quieras y te diré la verdad.

6. ¿A quién buscan Uds.? ¿Por quién ((preguntan) / piden)?

7. Sus padres nos (preguntan / preguntan por / (piden)) que no hagamos tanto ruido.

8. (Preguntamos / Preguntamos por / (Pedimos)) una solución inmediata al conflicto.

Repaso gramatical

A. Reescriba las siguientes oraciones cambiando el sujeto y el verbo de singular a plural o viceversa. Preste atención al cambio vocálico de algunas formas verbales.

1. Un kilo cuesta doscientos pesos. _____

2. Acuestas al niño temprano. _____

3. Nunca devuelves los libros a tiempo. _____

4. El médico atiende a la paciente. _____

5. Les mostráis las notas a vuestros amigos. _____

6. El carpintero mide la ventana. _____

7. Pedís demasiado dinero. _____

8. Siempre nos sonríes. _____

9. Despierto a Ramón a las siete. _____

10. Pierdes una buena oportunidad. _____

B. Valeriano está con unos amigos en un restaurante sevillano y es el único que sabe español. El tiene que hablar con la camarera, pedirle las bebidas y preguntarle cualquier cosa que sus amigos quieran saber. Continúe el diálogo siguiente utilizando verbos **en el presente de indicativo.** A continuación tiene un menú de tapas para ayudarle a completar el ejercicio.

Menú

◆ Tapas frías

Precio en pesetas

Salpicón:　　495

(Salad of fresh vegetables and seafood in an oil and vinegar dressing)

Mejillones a la vinagreta:　　450

(Steamed mussels in a vinaigrette)

Patatas ali-oli:　　325

(Boiled potatoes in a fresh garlic mayonnaise sauce)

Combinación de embutidos:　　595

(Combination of chorizo, Spanish salami, and cured ham)

◆ Tapas calientes

Calamares a la plancha:　　450

(Squid cooked on the grill with lemon juice, oil, garlic, and paprika)

Gambas al ajillo:　　550

(Shrimp sautéed with garlic)

Champiñones al ajillo:　　395

(Mushrooms sautéed with white wine and garlic)

Tortilla española:　　295

(Omelet with potatoes and onions)

Patatas a la brava:　　395

(Sautéed potatoes in a spicy tomato sauce)

Orejas de cerdo　　450

(Pork ears in a spicy sauce)

CAMARERA: ¿Qué desean tomar?

VALERIANO: Bueno, todavía no sabemos qué vamos a pedir. ¿Qué nos recomienda?

CAMARERA: Recomiendo el té.....

VALERIANO: Bueno, queremos dos tés.....

CAMARERA: ¿Y qué desean comer?

VALERIANO: ¿Pone cebollas en las patatas a la brava?

CAMARERA: No, pero es un tapa muy picante.

VALERIANO: No me gustan platos demasiado picante.

CAMARERA: Puedo cocinar menos picante de corriente.

VALERIANO: Bueno, prefiero comer las patatas a la brava por favor.

C. Gustar y verbos afines. Conteste estas preguntas prestando atención a los pronombres de objeto indirecto y a la concordancia entre el sujeto y el verbo.

1. ¿Te gusta el invierno?

   No, a mí no me gusta el invierno porque

2. ¿A quién le suelen faltar los libros?

   A mí me le suelen faltar los libros.

3. ¿Te molestan los niños?

   No, a mí no molestan los niños.

4. ¿Qué os gusta hacer los sábados?

   Nos gusta hacer los sábados.

5. ¿Les importan las notas a tus padres?

   No, ellos no les importan.

6. ¿A tus amigos les encantan los lunes?

   Si, a ellos nos encantan

7. ¿Te fascinan las películas de terror?

   Se a mí fascinan las películas de terror.

8. ¿Le molesta el humo (smoke) del tabaco a tu compañero/a de cuarto?

   No, a ella no le molesta el humo del tobaco.

9. ¿Te interesa la política?

   Si, a mí me interesa.

10. ¿A quién le fascinan los coches deportivos?

    A mí me fascinan los coches deportivos.

D. Traduzca estas oraciones prestando mucha atención al sujeto y al objeto indirecto. (Si le resulta más fácil, sustituya to like por to be pleasing to.)

1. *She likes me.*   Yo le gusta a ella.

2. *I like her.*   A mí me gusta ella.

3. *I do not like you.*   Tú no me gustas

4. *You do not like me.*   Yo ti no te gusto

5. *Julio likes María José.*   Julio le gusta María Jose

6. *I like it.*   Me gusta.

7. *We like them.*   Nos gustan.

8. *Alberto likes him.*   Alberto le gusta, él.

9. *You like it.*   Te gusta. (Les)

10. *They like us.*   Les gustamos a ellos

E. Los cafés están de moda en los Estados Unidos. Imagínese que Ud. es el/la encargado/a *(manager)* de, digamos, StarBucks. Comente las preferencias de sus clientes y contrástelas con las suyas propias. Utilice verbos diferentes en cada oración.

Ejemplo: *A la mayoría le gusta el café normal, pero a mí me gusta más el descafeinado.*

1. _____

2. _____

3. _____

4. _____

5. _____

Creación

Escriba en una hoja aparte un breve artículo comentando el ambiente, comida, servicio, amenidades, etc. del último lugar donde cenó. No importa si era barato o caro, ni tampoco si era elegante o de comida rápida.

Antes de escribir, tome notas de todas las cosas que le vienen inmediatamente a la mente *(brainstorming)*. Después seleccione los datos que más le interesan y elimine los otros. Organícelos. Escriba un párrafo que tenga unidad y coherencia. Evite saltar *(to jump)* de una cosa a otra.

Phrases:	*Appreciating food; Describing a place & object; Stating a preference*
Grammar:	*Verbs:* ser & estar; *Present; Verbs:* saber & conocer
Vocabulary:	*Food; Tapas; Restaurant*

¡Oye cómo va!

Palabra por palabra / Mejor dicho

A. Primero relacione las imágenes siguientes con las palabras del vocabulario y luego escriba cinco oraciones con esas palabras.

1. _El cantante_

2. _canción_

3. _letra_

4. _sonar_

5. _tendencia_

6. _ritmo_

7. _poner_

8. _tocar_

1. _Ella esta tocando un instrumento._
2. _"Como la flor" es una canción de Selena._
3. _El mujer tiene mucho ritmo._
4. _La letra es muy deficil._
5. _Las tendencias ahora no estan las tendencias del pasado._

B. Complete el diálogo siguiente con los verbos **conocer** o **saber,** según convenga.

RAQUEL: Paloma, ¿ _Sabes_ (tú) quién es esa mujer?

PALOMA: No, (yo) no lo _sé_ . ¿Y tú, Raquel?

RAQUEL: Sí, es profesora de antropología. (Yo) la _conozco_ desde hace dos años.

PALOMA: ¿Qué más _sabes_ (tú) de ella?

RAQUEL: (Yo) _sé_ que su especialización es la cultura precolombina.

(Ella) _sabe_ todos los nombres de las divinidades aztecas.

PALOMA: Seguramente (ella) _sabe_ hablar alguna lengua indígena.

RAQUEL: La verdad es que (yo) no lo _sé_ . Sus colegas del

departamento deben _saber_ lo.

PALOMA: ¡Te está mirando! Vamos a hablar con ella, pues quiero _conocer_ la.

RAQUEL: De acuerdo. Ella estará encantada de _conocer_ te a ti también.

PALOMA: Pues venga, vamos.

Repaso gramatical

A. Las comparaciones. Llene el espacio en blanco con el término que falta.

1. Mi colección de música clásica es _____ grande como la tuya.

2. Te quiero más _____ ayer, pero menos _____ mañana.

3. Ese piano parece _____ que el nuestro. *(Use sólo una palabra.)*

4. La banda sonora *(soundtrack)* de la película no se ha vendido _____ como esperaban.

5. El triunfo depende tanto del esfuerzo personal _____ de la suerte.

6. No vamos al conservatorio de música _____ a menudo como nos sugieren los profesores.

7. Desde que lo operaron de las cuerdas vocales, el vocalista de nuestro conjunto tiene la voz

_____ potente que antes.

8. El tenor recibió tantos aplausos _____ la soprano.

B. Escriba comparaciones de superioridad, inferioridad o igualdad con los términos indicados.

1. una orquesta y un cuarteto *(quartet)*

_____

2. la salsa y el rap

_____

3. Julio Iglesias y Willy Nelson

_____

Unidad I Tradición y cambio

4. una canción infantil y una canción de protesta

_____

5. el cine y el teatro

_____

C. Compare a las cuatro mujeres de las fotos. Utilice diferentes tipos de comparaciones.

Elvira

Mari Cruz

Fátima

Adela

1. _____

2. _____

3. _____

4. _____

D. Escriba dos frases en superlativo (**absoluto y relativo**) sobre los términos siguientes. No tiene que utilizar esas palabras como sujetos, sólo referirse a algún aspecto relacionado con esos términos. Trate de ser original y no repita ningún adjetivo en este ejercicio.

Ejemplo: el violín

Los sonidos que produce el violín son muy melodiosos.

El violín es el instrumento más antiguo de todos (los instrumentos).

1. Gipsy Kings

El grupo musical Gipsy Kings es muy bien conocido.

El grupo Gipsy Kings cantan menos canciones de las Indigo Girls.

2. la trompeta

La trompeta es un instrumento muy bien conocido.

La trompeta es el instrumento más unica de todos los instrumentos.

3. la ópera

La ópera es un muy bien conocido.

La ópera es más aburrido de los otros.

4. el jazz

El jazz es el mejor forma de musica.

El jazz es más aburrido de los otros.

5. el ballet

El ballet es el deportivo buenisimo.

el ballet mas aburrido de los otros.

6. un concierto de...

Un concierto de ballet es buenisimo.

Un concierto de ballet es más aburrido de un concierto de jazz

7. Indigo Girls

El grupo musical Indigo Girls es muy bien conocido.

El grupo Indigo Girls es tan menos aburrido de el grupo Gipsy Kings.

8. los discos compactos

Los discos compactos es muy bien conocido por su muy claro.

los discos compactos estan mas nuevo de las cassettes.

E. Lea el párrafo siguiente y después escriba tres oraciones utilizando **expresiones de comparación** diferentes y dos con el **superlativo absoluto o relativo.**

> "Un rasgo característico de la música afroperuana son los instrumentos que se utilizan para su interpretación. Pocas veces se habrán visto instrumentos musicales de más humilde procedencia y de mayor eficacia en su ejecución. Además de la guitarra, el único instrumento heredado de los amos *(masters),* los esclavos tuvieron que improvisar sonidos con lo que tenían a mano. El principal invento es el cajón que es, en efecto, un simple cajón de madera *(wooden box)* sobre el que se sienta el instrumentista y lo golpea sujeto entre sus piernas. Aunque el cajón no es tan sofisticado como un violín o una guitarra, su fabricación está sujeta a ciertas condiciones que permiten su máxima riqueza sonora."
>
> (Manuel Donayre, *El alma del Perú negro*)

1. _____

2. _____

3. _____

4. _____

5. _____

► Creación

Busque en Internet información sobre uno/a de los cantantes, grupos, bailes o instrumentos mencionados en la lectura o bien cualquier aspecto relacionado con la música hispana que a Ud. le interese. Luego escriba en una hoja aparte una composición para informar a la clase. Hay páginas Web en español sobre Rubén Blades, Mónica Naranjo, Silvio Rodríguez, *Ella baila sola* y muchos más.

Antes de empezar a escribir, organice la información que ha recopilado. Piense en los hechos que va a mencionar y en qué orden lo hará. ¿Hablará primero de la vida del/de la artista? ¿De sus influencias musicales? ¿De cuántos discos ha vendido o premios ha recibido?

Phrases:	*Talking about the past; Describing people; Linking ideas*
Grammar:	*Article: definite & indefinite; Adjective: position & agreement; Comparisons*
Vocabulary:	*Numbers; Musical instruments; Dreams & aspirations*

UNIDAD I TRADICION Y CAMBIO

Costumbres de ayer y de hoy

REPASO GRAMATICAL
página 14

El mexicano y las fiestas

▶ **Palabra por palabra / Mejor dicho**

A. Escriba seis oraciones con los siguientes grupos de palabras.

> reunirse / la revuelta
> disfrazarse / el lujo
> conocer / emborracharse
> gastar / la pobreza
> burlarse de / divertirse
> la fiesta / encontrarse con

1. *Los jóvenes se reunieron y participaron en la revuelta.*
2. *Gastan mucho dinero en fiestas a pesar de la pobreza de la gente.*
3. *Los hombres y señores se disfrazan por las fiestas lujo.*
4. *Ellos conocen como se emborrachar.*
5. *Los jóvenes se burlar todo el tiempo para divertir.*
6. *Cuando estoy a la fiesta, encontrarme con mi amiga Essie. → me encontro*

B. Traduzca las palabras entre paréntesis.

1. Los estudiantes siempre *se reúnen* después de la graduación. *(get together)*
2. Nunca imaginé *encontrarme* con él. *(to run across)*
3. Juan y yo *nos conocimos* en las fiestas de México. *(met)*
4. En Halloween muchas personas *se disfrazan*. *(dress up)*

Repaso gramatical

A. Escriba en el espacio en blanco la forma correcta del verbo en presente. Decida si es necesario o no el uso de algún pronombre (reflexivo, objeto directo, objeto indirecto) en cada oración.

1. Nosotros no _____nos bañamos_____ en el gimnasio. (bañar / bañarse)

2. Uds. siempre _____se quejan_____ de la tarea. (quejar / quejarse)

3. Un gallo (*rooster*) suele _____despertar_____ a Martín. (despertar / despertarse)

4. ¿Cómo _____te llamas_____ tú? (llamar / llamarse)

5. Cuando hace frío, Samuel siempre _____le pone_____ un abrigo a su hijo. (poner / ponerse)

6. El peluquero _____les seca_____ el pelo a los clientes. (secar / secarse)

7. Vosotros no _____dormís_____ ocho horas. (dormir / dormirse)

8. Tú _____te pareces_____ a mi hermano. (parecer / parecerse)

9. Miguel y Carlos _____se enojan_____ sin razón. (enojar / enojarse)

10. Cuando ando mucho, _____me canso_____ . (cansar / cansarse)

B. Cambie la oración siguiente a una acción reflexiva. Escriba dos acciones reflexivas para cada oración cuando sea posible.

Ejemplo: Ellos visten a los niños. _____*Ellos se visten.*_____ _____*Los niños se visten.*_____

1. Baño a Morena. _____ _____

2. Despertamos a mis hermanos. _____ _____

3. Acuestas a Beatriz. _____ _____

4. Laváis el coche. _____ _____

5. Lourdes levanta al bebé. _____ _____

6. ¡Cómo limpian la casa! _____ _____

C. Conteste las preguntas siguientes, prestando atención a los pronombres reflexivos.

1. ¿Te burlas de los políticos?

   _____Sí, me burlo de los políticos._____

2. ¿De qué no debemos preocuparnos?

   _____No debemos preocuparnos del futuro._____

3. ¿De qué se quejan los jugadores de béisbol?

   _____Los jugadores de béisbol se quejan de los árbitros_____

4. ¿Cuándo os ponéis botas?

   _____Nos ponemos las botas cuando nieva._____

5. ¿Cómo se llama tu abuela?

Mi abuela se llama Adriana.

6. ¿Se parece Ud. a su perro?

No, no me parezco a mi perro

7. ¿Cuándo te deprimes?

Me deprimo cuando llueve.

8. ¿Cuándo se enfada su compañero/a de cuarto?

El se enfada cuando

9. ¿Te duermes antes de medianoche?

No, no me duermo antes de medianoche

10. ¿Qué hace un/a médico/a cuando se enferma?

Una médica toma Penicillen cuando se enferma,

D. Escriba **pero, sino** o **sino que** en el espacio en blanco.

1. No debes comprar otro coche ___sino___ arreglar el tuyo.

2. Prometen estudiar ___pero___ no lo harán.

3. Tratamos de salir a las cinco ___pero___ no fue posible.

4. El bebé no sólo come verduras ___sino___ también frutas.

5. No van a salir esta tarde ___sino que___ van a quedarse en casa.

E. Combine las oraciones a continuación con **pero, sino** o **sino que**, haciendo los cambios necesarios.

1. No me gusta el color rojo. Me gusta el color azul.

_____

2. Gabriela no es médica. Es ingeniera.

_____

3. No voy a la universidad. Aprendo mucho.

_____

4. Rocío no canta. Toca el piano.

_____

5. Las dos niñas no hablan el mismo idioma. Ellas se entienden.

_____

6. No nos interesa el francés. Nos interesa el español.

_____

7. Queremos jugar al tenis. Hace mucho calor.

_____

F. Termine las oraciones de una manera creativa con **pero, sino** o **sino que.**

1. Iría a la corrida de toros contigo _____
   _____ .

2. No pensamos ir al centro _____
   _____ .

3. Rodolfo no quiere invitar a Elisa a la fiesta _____
   _____ .

4. No sólo el toro está en peligro en una corrida de toros _____
   _____ .

5. Las hermanas Alvarez no pueden asistir a la reunión hoy _____
   _____ .

G. Ud. está en una tienda con una amiga que quiere comprarse un vestido. Ud. es una persona de un gusto exquisito y le pone "peros"*(find fault)* a todos los que ella se prueba *(try on)*. Invente el diálogo entre su amiga y Ud.

AMIGA: ¿Qué te parece este vestido?

USTED: Es muy lindo, pero el color rojo no te va nada bien.

_____

_____

_____

_____

_____

_____

_____

Creación

Busque información en Internet sobre las fiestas de Latinoamérica y España. En una hoja aparte escriba un informe breve sobre la que le parece a Ud. la más interesante o curiosa.

Por ejemplo, en Buñol, un pueblo cerca de Valencia, España, se celebra una fiesta que se llama "la tomatina" porque la gente se tira tomates. Durante la hora que dura la guerra de los tomates, se utilizan cerca de 62.000 kilos de tomates maduros.

Phrases:	*Comparing & contrasting; Describing people; Sequencing events*
Grammar:	*But:* pero, sino (que); *Verbs: reflexives; Negation:* no, nadie, nada, nada más que
Vocabulary:	*Food; Religious holidays; Musical instruments*

REPASO GRAMATICAL página 16

Una fiesta de impacto y de infarto

Palabra por palabra / Mejor dicho

Llene el espacio en blanco con las palabras correctas del vocabulario.

Los _____ de las _____ siempre

aplauden a los toreros. Todos los domingos llenan las _____ .

Algunas veces se sienten _____ si el toro no es bravo o si el

matador no torea bien. A veces hay mucha _____ y esto puede

ofender la _____ de los turistas que

_____ sólo una vez y no saben apreciar el arte de la tauromaquia.

Repaso gramatical

A. Transforme estas oraciones afirmativas en negativas o viceversa.

1. Tengo algo nuevo.

   _____

2. Nadie viene conmigo a la corrida de toros.

   _____

3. Tengo algunas entradas para el cine.

   _____

4. No quiero ir ni a la plaza de toros ni al museo del Prado.

   _____

5. Siempre vamos al parque los domingos.

   _____

6. Algunos de los aficionados aprenden a torear.

   _____

7. Guillermo todavía estudia en la universidad.

   _____

8. Ni siquiera Elena quiere acompañarte.

   _____

B. Conteste las preguntas negativamente.

1. ¿Viene alguien contigo al concierto?

   _____

2. ¿Siempre va a misa la señora Ramírez?

   _____

3. ¿Son malos algunos de estos productos?

   _____

4. ¿Juegan tus nietos en el parque también?

   _____

5. ¿Incluso los profesores comen en la cafetería universitaria?

   _____

6. ¿Tienes alguna ofrenda para Ochún?

   _____

7. ¿Llevamos algo a la barbacoa?

   _____

C. Nunca más. Mencione cinco cosas que ha aprendido en la vida y que no piensa volver a hacer. Use palabras negativas o afirmativas y subráyelas *(underline)*.

Ejemplo: _Nunca vuelvo a ir al supermercado con nadie porque no me gusta esperar._

1. _____

   _____

2. _____

   _____

3. _____

   _____

4. _____

   _____

5. _____

   _____

D. Complete las frases con un **adverbio** diferente para cada oración.

1. Mi profesor de quechua habla _____ .

2. Yo canto _____ .

3. Justino y Esmeralda hacen la tarea _____ .

4. El sacerdote reza _____ .

5. Les hablamos a nuestros abuelos _____ .

E. Cambie estos adjetivos en adverbios. Escriba las formas en **-mente** y las formas en **con** + sustantivo.

1. alegre _____   _____

2. seguro _____   _____

3. sensible _____   _____

4. difícil _____   _____

5. cierto _____   _____

6. cortés _____   _____

F. Traduzca estos adverbios al español utilizando la terminación en **-mente.**

1. *generally* _____

2. *politically* _____

3. *cruelly* _____

4. *recently* _____

5. *rarely* _____

6. *easily* _____

7. *possibly* _____

8. *obviously* _____

9. *frequently* _____

10. *eventually* _____

Creación

Busque un artículo en un periódico en español sobre los derechos de los animales o sobre los toros y coméntelo. También puede usar Internet. Escriba su comentario en una hoja aparte.

1. Primero, resuma lo que dice el artículo del periódico.

2. Luego, escriba su reacción a lo que ha leído.

Phrases:	*Agreeing & disagreeing; Asserting & insisting; Expressing an opinion*
Grammar:	*Comparisons: equality; Comparisons: inequality; Interrrogatives*
Vocabulary:	*Animals; Countries; Sports*

REPASO GRAMATICAL
página 18

La santería: una religión sincrética

Palabra por palabra / Mejor dicho

A. Escriba en el espacio en blanco la palabra del vocabulario correspondiente a estas definiciones.

1. ___el pecado___ Acción, pensamiento o palabra condenada por los preceptos de una religión.

2. ___el apoyo___ Ayuda, respaldo, defensa, protección.

3. ___el bien___ Entidad abstracta formada por todo lo que es moralmente bueno.

4. ___la mezcla___ Substancia que resulta de la combinación de otras.

5. ___convertirse___ Dejar una religión para seguir otra.

6. ___la ofrenda___ Cosa que se ofrece con amor y devoción, particularmente, cosa ofrecida a Dios o a los dioses.

B. Escriba en el espacio en blanco una de las expresiones que significa *to become*. Cuidado con los tiempos verbales.

1. Mi tía Petra ___se volvió___ loca durante la guerra de las Malvinas.

2. Nada más conocernos ___nos hicimos___ amigos.

3. Vosotros _____ enfermos después del banquete de comida nicaragüense.

4. El sueño de Maribel era ___llegar a ser___ decana de la universidad.

5. La leche ___se convirtió en___ yogur. (*turned into*)

6. La fiesta ___se convirtió en___ una orgía ya que mis padres no estaban en casa. (*turned into*)

7. ¿Cuándo ___se hizo___ ella tan rica?

8. Su relación conyugal ___se volvió___ difícil y al final se divorciaron.

9. Quiere ___hacerse___ santero para poder ayudar a mucha gente.

10. Cuando pienso en lo que ocurrió, (yo) ___me pongo___ furiosa.

Repaso gramatical

A. Reescriba las oraciones a continuación cambiando todos los verbos del presente al **imperfecto.**

1. Guillermo está en el centro.

   _____

2. Yo cocino y Mónica lee.

   _____

3. Tú me dices que ellos quieren salir.

   _____

4. No sé lo que pensáis.

   _____

5. Marta y yo podemos hacerlo.

   _____

6. Los estudiantes no van a la biblioteca.

   _____

B. Reescriba las oraciones a continuación cambiando todos los verbos al **pretérito.**

1. ¿Adónde vas?

   _____

2. ¿Quién lo hace?

   _____

3. Yo le escribo a Federico y tú terminas la tarea.

   _____

4. Esos dos no entienden nada.

   _____

5. ¿Jugáis vosotros al béisbol?

   _____

6. Roberto se divierte mucho.

   _____

C. Lea primero todo el párrafo y luego llene el espacio en blanco con la forma verbal correspondiente del **pretérito** o del **imperfecto**.

Los planes de Planas

Mis padres _____ (querer) que yo estudiara la carrera de

medicina. Por eso cuando yo _____ (llegar) a la universidad, (yo)

_____ (seguir) los cursos necesarios para ser médico. Los cuatro

primeros años _____ (ser) difíciles, pues (yo)

_____ (tener) que estudiar día y noche. Durante el quinto año de

carrera (yo) _____ (conocer) a Pablo, que _____

(pensar) también hacerse médico. Cuando nosotros _____ (reunirse)

en la cafetería del campus, siempre _____ (conversar) sobre música.

Con el tiempo nosotros _____ (darse cuenta) de que la música

nos _____ (interesar) más que la medicina. Yo le

_____ (proponer) a Pablo que formáramos un grupo y él

_____ (decir) que sí. El _____ (saber) tocar la

guitarra eléctrica y yo no _____ (tocar) mal la batería. Nosotros

_____ (buscar) a otros dos músicos y ahora somos el conjunto más

famoso del país.

D. Traduzca las oraciones siguientes. Preste atención al uso del **pretérito** o del **imperfecto.**

1. *They could not attend (failed to) the conference until yesterday.*

   _____

2. *You were supposed to help us, but you did not want to.*

   _____

3. *When Julia met me, she did not know I was her cousin. She found out about it later.*

   _____

4. *Cristina and Alejandra already knew that Manuel did not have the support of his colleagues.*

   _____

5. *I am sorry. I wanted to bring you my notes, but I could not.*

   _____

E. Resuma el argumento de una película que haya visto recientemente. Utilice el **pretérito** o el **imperfecto** según corresponda. Escriba, como mínimo, diez oraciones.

I've recently seen the trilogy "lord of the Kings",
directed by, I think this is one of the greatest
films of all time

_____

_____

_____

_____

_____

_____

_____

_____

_____

Creación

Busque información en Internet sobre las sectas *(cults)*, el curanderismo, el espiritismo, las botánicas, etc. Escriba en una hoja aparte un ensayo sobre lo que ha averiguado. Exprese su opinión.

Phrases:	*Comparing & contrasting; Talking about habitual actions; Making transitions*
Grammar:	*Article: definite* el, la, los, las; *Relatives:* que; *Verbs: preterite & imperfect*
Vocabulary:	*Calendar; Gestures; Religions*

REPASO GRAMATICAL
página 23

¿Liberalizar la droga?

Palabra por palabra / Mejor dicho

A. Llene el espacio en blanco con la palabra correcta del vocabulario.

1. Es ___peligroso___ conducir borracho o drogado.

2. Este chico va a ___acabar___ en un centro de rehabilitación.

3. ¿Quién tiene la ___culpa___ del precio tan alto de las drogas?

4. Abusar de un niño es un ___delito___ muy serio.

5. Al hablar de la drogadicción, hay que ___tener en cuenta___ factores psicológicos, sociales y económicos.

6. Todos los miembros de Alcohólicos Anónimos ___están a favor___ del sistema de las 12 etapas.

7. En la Europa del Este se están cometiendo ___crímenes___ terribles.

8. Nos comentó que trabajar en la ___cárcel___ había sido muy ___perjudicial___ para su salud mental.

B. Subraye la palabra que complete correctamente la oración.

1. Anoche llegué tarde a casa y tuve (una discusión / un argumento) con mis padres.

2. No entendí nada de la obra de teatro. Parecía no tener (discusión / argumento) y los personajes eran extrañísimos.

3. (Los argumentos / Las discusiones) para liberalizar las drogas tienen muchas implicaciones legales y médicas.

4. (El argumento / La discusión) de Don Quijote es complejo/a.

5. No hay (discusión / argumento). No podrás ir.

C. Identifique los delitos (D) y los crímenes (C).

1. ___C___ Un hombre entra a robar un banco y mata al guardia.

2. ___D___ Un hombre le roba la cartera a una mujer bien vestida. Ella se desmaya (faints).

3. ___D___ Unos terroristas secuestran (hijack) un avión y toman como rehenes (hostages) a los pasajeros.

4. ___D___ Un empleado crea una cuenta falsa en un banco y se escribe a sí mismo unos cheques de su compañía por más de 100.000 dólares. Con el dinero se compra una casa en Marbella.

5. ___C___ En una pelea, un hombre mata al amante de su mujer.

6. ___D___ Unos jóvenes de 16 años compran cerveza en una tienda norteamericana.

Repaso gramatical

A. Reescriba las oraciones a continuación en el pasado. Sustituya el futuro por el **condicional** y el presente por el **imperfecto**.

Ejemplo: Todos los días él promete que le escribirá.
Todos los días él prometía que le escribiría.

1. Ellos dicen que vendrán.

   Ellos decían que vendrían

2. Todos piensan que yo lo haré.

   Todos pensaban que yo lo haría.

3. Creemos que tú lo romperás.

   Creíamos que tú lo romperías.

4. Sabéis que Nati se lo llevará.

   Sabíais que Nati se lo llevaría

5. Es obvio que vosotras querréis compraros uno.

   Era obvio que vosotras querríais compraros uno.

6. Es evidente que no estaremos listos.

   Era evidente que no estaríamos listos.

7. Mis vecinos me han prometido que me venderán su carro.

   Mis vecinos me habían prometido que me venderían su carro.

B. Traduzca las oraciones a continuación. Recuerden que *would* se puede traducir al español con el imperfecto (acción habitual en el pasado) o con el condicional (cortesía o posibilidad en el pasado).

1. *Would you lend me your book?*

2. *When he was young he would spend hours in front of the mirror.*

3. *Everyone thought he would bring the drinks to the party.*

4. *Last year they would study all the time.*

   El año pasados todos estudiaban todo el tiempo.

5. *Did you imagine he would leave school?*

   ¿Imaginabas que él saldría escuela?

C. Conteste las siguientes preguntas indicando **probabilidad** en el **pasado** con el condicional.

     Ejemplo: ¿De qué año era la película argentina?

        No sé, _____*sería de los años ochenta*_____.

1. ¿Cuándo compraron la casa tus padres?

    No sé, *la casa comprarían hace nueve años.*

2. ¿Cuánto tiempo estuvieron buscándola?

    No sé, *la estarían buscando por cinco mesas.*

3. ¿Por qué no compraron ellos una casa más grande?

    No sé, *no comprarían una casa más grande porque no tenían muchos*

4. ¿Cuántos invitados hubo en la fiesta de inauguración?

    No sé, *habría tree personas.*

5. ¿Cómo resultó la celebración?

    No sé, *resultaría buen*

D. Un asalto. Camilo estaba en una cafetería con un grupo de amigos cuando un drogadicto entró a robar. Camilo les dijo a los otros que se echaran al suelo y peleó con el asaltante hasta quitarle la pistola. Escriba tres oraciones usando el condicional perfecto para indicar qué habría hecho (o no) Ud. en circunstancias similares.

    Ejemplo: *Yo habría cerrado los ojos y rezado muchísimo.*

1. *No diría nada.*

2. *Pondría mi bolsa en el suelo.*

3. *Yo habría cerrado la boca.*

E. El juego de la verdad. En un campamento de verano están jugando al juego de la verdad. Hay que describir una situación en que sería mejor decir una mentira que decir la verdad. O, por el contrario, una situación en que Ud. siempre diría la verdad sin importarle las consecuencias. Escriba un párrafo contando una anécdota ficticia o real y empleando las formas condicionales.

Ejemplo: *Yo siempre mentiría en casos de vida o muerte, como el de las personas que ocultaban a la familia de Anne Frank en su casa.*

_____

_____

_____

_____

_____

_____

_____

_____

_____

_____

_____

_____

Creación

Describa en una hoja aparte una situación hipotética en la que Ud. recomendaría el uso de alguna droga a un/a amigo/a.

Phrases:	*Persuading; Expressing compulsion; Repeating*
Grammar:	*Next; Negations; Articles: neuter* lo
Vocabulary:	*Leisure; Musical instruments; Personality*

REPASO GRAMATICAL
página 25

La pasión por lo verde

Palabra por palabra / Mejor dicho

A. Definiciones. Escriba en el espacio en blanco la palabra correcta del vocabulario.

1. _____ Economizar. Guardar una parte del dinero de que se dispone. Gastar una cosa menos de lo que se gastaría no teniendo cuidado.

2. _____ Poner una cosa en un sitio donde está reservada o protegida, o en el sitio donde le corresponde estar.

3. _____ Conjunto de desperdicios de cualquier clase, como los que se hacen a diario en una casa, las cosas viejas que se tiran al hacer la limpieza.

4. _____ Transmitir al agua, al aire, etc. gérmenes capaces de perjudicar la salud. Contagiar. Infectar.

5. _____ Gastar o dejar que se gaste o pierda una cosa sin obtener todo el provecho posible. Malgastar, malemplear.

6. _____ Parte no aprovechable de una cosa o lo que queda después de utilizar una parte de ella.

7. _____ Estudiar o trabajar en laboratorios, etc., para hacer descubrimientos científicos.

8. _____ Gusto general de la gente o conjunto de usos, costumbres y tendencias circunscritos a una época determinada en cualquier aspecto: vestido, mobiliario, literatura, arte.

9. _____ Medio al que se recurre para algo. Medio que encuentra alguien o que se le ocurre para conseguir algo.

10. _____ Librar de un gran peligro a alguien o a algo.

B. Escoja la respuesta correcta.

1. Este año no ha llovido mucho. Debemos (salvar / guardar / ahorrar) agua.

2. Roberto no sabía nadar y hubo que (salvarlo / guardarlo / ahorrarlo).

3. ¿Quién ha (salvado / guardado / ahorrado) mis fotos en este álbum?

4. ¿Dónde (salvas / guardas / ahorras) tus discos?

5. El perro (salvó / guardó / ahorró) a su dueño del fuego.

6. El gobierno recomienda que (salvemos / guardemos / ahorremos) energía.

7. Si lo hacéis hoy, (salvaréis / guardaréis / ahorraréis) mucho tiempo.

DONANDO TUS RADIOGRAFÍAS INSERVIBLES
SALVAR A UN NIÑO ES FÁCIL

Repaso gramatical

A. Combine las dos oraciones en una, indicando la acción que ocurrió primero con el **pluscuamperfecto** y la acción posterior con el **pretérito.**

Ejemplo: Enrique me llamó el sábado. Yo volví el domingo.
Enrique ya me había llamado cuando volví.

1. Yo comí a las ocho. Anselmo llegó a las nueve.

   _____

2. Virgilio se graduó en junio. Su hermana se casó en julio.

   _____

3. Magdalena llamó a las dos. Dalia volvió a las tres.

   _____

4. Leímos el libro al año pasado. Vimos la película ayer.

   _____

5. Abriste la puerta. Llamaron dos veces.

   _____

B. Escriba con palabras todos los números que aparecen en la lectura.

_____

_____

_____

_____

_____

_____

C. Conteste las siguientes preguntas personales usando números. Escríbalos.

1. ¿Cuántos años tiene Ud.?

   _____

2. ¿Cuándo nació Ud.?

   _____

3. ¿Cuál es la fecha de hoy?

   _____

4. ¿Cuál es su dirección *(address)?* ¿Su distrito postal *(zip code)?* ¿Y su teléfono?

   _____

5. ¿Cuántos estados hay en Estados Unidos?

   _____

6. ¿Cuánto dinero pagó Ud. por este libro?

   _____

7. ¿Cuántos ceros tiene un billón?

   _____

8. ¿Cuál es la fecha más importante de su vida?

   _____

9. ¿Cuántas palabras del español sabe Ud.?

   _____

10. ¿Cuántos años tendría Colón al descubrir América?

    _____

D. Reescriba las oraciones a continuación en el **presente perfecto.**

1. Juan abre la puerta.

   _____

2. ¿Escribes la carta?

   _____

3. Compráis muchos productos preparados.

   _____

4. Vuelves temprano.

   _____

5. Veo a mi amigo.

   _____

6. Rodrigo y Juan hacen la maleta.

   _____

7. ¿Juega Ud. al tenis?

_____

8. ¿Rompéis el tocadiscos?

_____

9. Ponemos la mesa.

_____

10. Le decimos la verdad.

_____

E. **¡A Mallorca voy!** Llene los espacios en blanco con la forma correcta del verbo en **presente** o **presente perfecto.**

En el verano yo siempre _____ (ir) a la isla de Mallorca,

pero nunca _____ (estar) en el invierno. Tres generaciones de

mi familia _____ (pasar) un mes en la casa de Palma los

últimos 25 años y _____ (recorrer) la costa palmo a palmo.

En los últimos años _____ (haber) un auge en la

construcción de nuevas viviendas que _____ (afectar) la

calidad de la vida radicalmente. Ahora (nosotros) _____

(encontrarse) con más gente en las playas que nunca.

F. Traduzca las oraciones siguientes.

1. *I have never in my life seen so much garbage as on that beach.*

   _____

   _____

2. *It has been difficult to convince people to recycle newspapers.*

   _____

   _____

3. *Why do you think that it is important to protect the environment?*

   _____

   _____

4. *They have been doing research for two years on that topic.*

   _____

   _____

5. *Cars pollute the air more than trains.*

   _____

   _____

**Este anuncio dice en catalán:
La destrucción del bosque es
la destrucción de la economía.**

Creación

Desde el punto de vista de la tierra, escriba en una hoja aparte una composición pidiendo que la traten mejor y quejándose de los abusos de que ha sido objeto.

Phrases:	*Describing the past; Linking ideas; Describing weather*	
Grammar:	*Comparisons: inequality; Possessive adjectives (emphatic forms)*	
Vocabulary:	*Geography; Seasons; Studies*	

UNIDAD II CONTRASTES CULTURALES

CAPÍTULO
4

Así somos

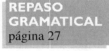

**REPASO
GRAMATICAL**
página 27

*La doble fundación
de Buenos Aires*

▶ **Palabra por palabra / Mejor dicho**

A. En los mapas de las páginas siguientes, rellene los nombres de los **países** y las **capitales.**

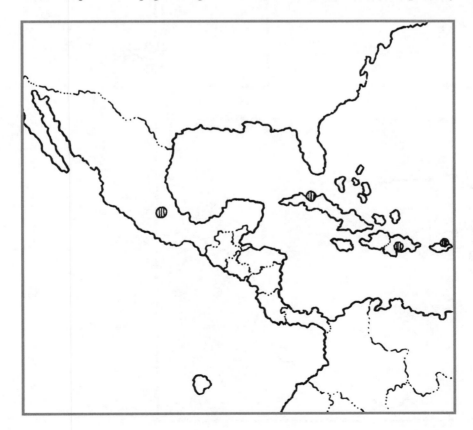

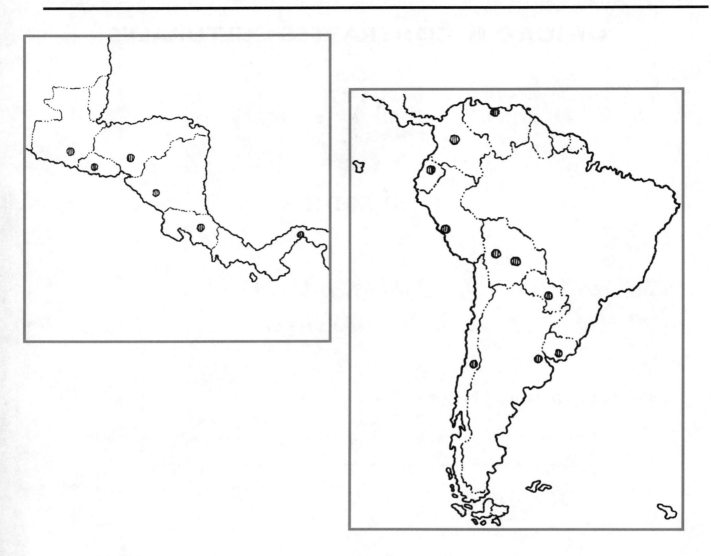

B. Llene el espacio en blanco con la forma correcta de la **nacionalidad.** Busque las ciudades que no conozca en los mapas en el texto, páginas xxii–xxv, .

Ejemplo: Tú naciste en Las Vegas y eres _____*norteamericano*_____ .

1. Si naciste en Cuzco, entonces serás ___*peruano*___ .

2. Mi familia es de Barcelona. Todos somos ___*Catalanes – espanoles*___ .

3. Ojalá mi hijo nazca en La Habana y sea ___*Cubano*___ .

4. Yo soy de Acapulco. Soy ___*mexicano*___ .

5. Ellas son ___*colombianos*___ porque nacieron en Medellín.

6. Mi padre es de Valparaíso. Es ___*chileno*___ .

7. Nosotros nacimos en Quito. Somos ___*equatorianos*___ .

8. Rogelio es de San Juan y Laura de San José. El es ___*Puertorriqueno*___ y ella ___*costarriccense*___ .

C. Busque en un diccionario, en una enciclopedia o en Internet...

• ...los nombres de los presidentes actuales de cinco países hispanos.

1. _____
2. _____
3. _____
4. _____
5. _____

• ...los nombres de la moneda de cinco países hispanos.

1. _____
2. _____
3. _____
4. _____
5. _____

• ...las ciudades donde se puede oír hablar los idiomas o dialectos siguientes.

1. euskera _____
2. catalán _____
3. gallego _____
4. mallorquín _____
5. un dialecto maya _____
6. guaraní ___*Paraguay*___
7. quechua ___*peru / equador*___
8. portugués ___*brazil , portugal*___

D. Lugares famosos. Busque en una enciclopedia o en Internet sitios específicos de América Latina o España que ilustren las categorías mencionadas a continuación. Especifique el nombre del lugar y el país.

Ejemplo: playa   *Cancún*   *México*

1. playa _____
2. río _____
3. montañas _____
4. islas _____
5. ruinas _____
6. museo _____
7. monumento _____

8. catedral _____
9. universidad _____
10. mercado _____
11. lago _____
12. selva _____
13. desierto _____
14. fiesta _____

E. Conteste con oraciones completas las siguientes preguntas.

1. ¿Dónde le gusta quedarse cuando viaja?

   _____

2. ¿Qué considera absolutamente necesario llevar en un viaje largo?

   _____

3. ¿Cuántos buenos amigos/as le quedan de la escuela secundaria?

   _____

4. ¿Qué es algo que nunca puede tomar sin ponerse malo/a?

   _____

5. ¿Qué regalo (*present*) le trajo su mejor amigo/a la última vez que volvió de vacaciones?

   _____

► Repaso gramatical

A. Escriba cinco **oraciones comparativas** haciendo referencia a todas las categorías del cuadro siguiente.

1. _____
2. _____
3. _____
4. _____
5. _____

País	Superficie en km²	Población en millones (1995)	Esperanza de vida al nacer (1995)	PNB "per cápita" en dólares (1995)	Alfabetiza-ción % (1994)
Bolivia	1.098.581	7.414	60	800	82,5
Colombia	1.138.914	36.813	70	1.910	91,1
Costa Rica	50.700	3.399	77	2.610	94,7
Cuba	110.861	11.011	76	650	95,4
España	504.782	39.199	77	13.580	97,1
México	1.972.547	91.831	72	3.320	89,2

Fuente: *Anuario El País* 1998

B. Mirando los mapas en el texto, páginas xxii–xxv, y basándose en sus conocimientos previos, escriba cinco **oraciones de superlativo** sobre los países hispanohablantes.

Ejemplo: *Chile es el país más montañoso de América del Sur.*

1. _____

2. _____

3. _____

4. _____

5. _____

C. Escriba una **comparación de igualdad** combinando las dos oraciones que aparecen en cada número.

Ejemplo: Los bolivianos comen bien. Los norteamericanos comen bien también.
Los bolivianos comen tan bien como los norteamericanos.

1. El quechua es una lengua bastante compleja. El náhuatl también es una lengua compleja.

   _____

2. Los incas conocían perfectamente sus territorios. Los gauchos conocían perfectamente sus territorios también.

   _____

3. El le da mucha importancia a la tradición oral. Yo también le doy mucha importancia a la tradición oral.

   _____

4. Han viajado mucho por el Cono Sur. Yo también he viajado mucho por el Cono Sur.

   _____

5. Apreciamos el folklore nacional. También apreciamos el folklore internacional.

   _____

D. Basándose en las ofertas de viajes siguientes escriba tres **comparaciones de igualdad** y/o **desigualdad** y dos oraciones con **superlativos.**

Tarifas aéreas internacionales

Vuelos en línea regular / Ida y vuelta

Salidas desde Madrid

Precios en pesetas

Nueva York **58.800**	Caracas **82.400**	México **77.000**
Chicago **68.200**	Bogotá **82.400**	Santo Domingo **66.800**
Miami **68.200**	Buenos Aires **111.800**	Salvador de Bahía **71.100**
Los Angeles **85.900**	La Habana **89.400**	Varadero **83.000**

---

1. _____
2. _____
3. _____
4. _____
5. _____

E. Escriba **comparaciones de igualdad/desigualdad** u **oraciones de superlativo** basándose en el conocimiento geográfico de su país o región.

Ejemplo: *El cañón del Colorado es la región más espectacular de los Estados Unidos.*

1. _____

_____

2. _____

_____

3. _____

_____

4. _____

_____

5. _____

_____

F. Puntúe los términos del cuadro siguiente según su opinión. Después escriba cinco **comparaciones** entre esos términos y con esos adjetivos.

1. *   2. **   3. ***   4. ****

	antiguos/as	impresionante/s	numerosos/as	interesante/s
las pirámides aztecas				
los templos mayas				
las catedrales cristianas				
los castillos medievales				

1. _____

_____

2. _____

_____

3. _____

_____

4. _____

_____

5. _____

_____

Capítulo 4 Así somos ▣ *La doble fundación de Buenos Aires*

G. Escriba un párrafo **comparando** uno de los siguientes pares de elementos.

1. la vida en la selva y la vida en la ciudad

2. los colonos ingleses y los colonos españoles

3. una visita a una reserva india y una a un pueblo maya

_____

_____

_____

_____

_____

_____

_____

_____

_____

_____

_____

_____

_____

_____

Creación

Escriba en una hoja aparte un breve informe para presentar en clase sobre un país hispano. Puede referirse a cualquiera de los siguientes aspectos.

1. La geografía: las islas Galápagos, los volcanes, el lago Titicaca, las cataratas del Iguazú, etc.

2. La historia: la colonización, la independencia, la Revolución Cubana, etc.

3. Figuras históricas o míticas del pasado o del presente: los Reyes Católicos, Pancho Villa, Che Guevara, la Llorona, la China poblana, etc.

4. La religión, los grupos étnicos, los productos, etc.

Phrases:	_Sequencing events; Weighing evidence; Hypothesizing_
Grammar:	_Comparisons: equality, inequality; Verbs:_ conocer & saber
Vocabulary:	_Continents; Countries; Fairy tales & legends_

Dime cómo hablas y te diré de dónde eres

▶ Palabra por palabra / Mejor dicho

A. Llene los espacios en blanco con una palabra del vocabulario o complete las oraciones.

1. Cuando se habla una lengua extranjera, hay que tener cuidado de no _insultar_ a alguien sin querer.

2. Durante mi viaje tengo una _tarea_ muy _sabrosa_ : probar todas las frutas tropicales.

3. Esa gente tiene muchas _creencias_ sobre los indios.

4. ¡Qué _orgullo_ ! Voy a cenar con el presidente de Bolivia.

5. A Elena y a Alvaro les interesa conocer la rutina _cotidiana_ de otros países.

6. Mis hermanas son muy _pesadas_ , no dicen más que _disparates_ .

B. Complete las frases siguientes de forma original.

1. Por otro lado, _____.

2. Se trataba de _____.

3. Pepe está muy confundido porque _una no entienda la lectura_ .

   one has to necessary ~~Please~~ to
4. Hay que tratar de _____.

5. Me preocupan sus creencias con respecto a _religión_ .

¿Te interesa el origen de las palabras?

Sábana fue una palabra nueva que, llegada del nuevo continente, sirvió para denominar las coberturas de lino que cubrían los lechos en la España del siglo XV.

El huracán era un fenómeno atmosférico desconocido en Europa, pero pronto se incorporó la palabra al argot de los marinos.

C. Subraye los términos que mejor completen la oración. Preste atención al sujeto gramatical.

1. Algunos alumnos no estudiaron la lección y ahora (son confusos / están confundidos).

2. Las indicaciones de la receta *(recipe)* (eran confusas / estaban confundidas).

3. Los turistas no sabían español y (eran confusos / estaban confundidos).

4. No he entendido tus razonamientos pues (son confusos / están confundidos).

D. Conteste las siguientes preguntas con oraciones completas.

1. ¿Quién(es) lo/la trata(n) bien y quién(es) mal?

    Ejemplo: *Por alguna razón los camareros siempre me tratan muy mal.*

    _____

    _____

2. ¿De qué trataban dos artículos o libros que ha leído últimamente? (Puede usar programas de televisión o películas.)

    Ejemplo: *Ayer vi un programa de TV interesantísimo que trataba de los pingüinos.*

    _____

    _____

3. ¿Qué son dos cosas que está tratando de hacer?

    Ejemplo: *Estoy tratando de reducir el estrés.*

    _____

    _____

E. Escriba cinco frases **exclamativas** o **interrogativas** usando las palabras del vocabulario.

Ejemplo: *El cree que abrir un paraguas dentro de la casa trae mala suerte. ¡Qué disparate!*

1. ¿ Sabemos á quien tiene la tarea?

2. _____

3. _____

4. _____

5. _____

Repaso gramatical

A. Forme preguntas sustituyendo las palabras subrayadas.

Ejemplo: Mis vecinos compraron un gato <u>ayer</u>.

¿Cuándo compraron un gato?

1. <u>Mis hermanas</u> lo saben.

2. Los conocieron <u>en Marbella</u>.

3. Vinieron <u>en coche</u>.

4. Hoy es <u>lunes</u>.

5. No trabajan <u>por la mañana</u>.

6. Uds. compraron <u>el sombrero azul y el traje verde</u>.

7. No fueron al cine <u>porque llovía</u>.

8. Su reloj es <u>aquél</u>.

9. *Embarrassed* se dice "<u>avergonzado/a</u>" en español.

10. Oyeron hablar de <u>Elia</u>.

B. Escriba un breve diálogo entre Natalia, una niña a la que está cuidando *(baby-sitting)*, y Ud. Ella tiene muchas preguntas que Ud. debe contestar. Utilice diferentes palabras **interrogativas**.

Ejemplo: Natalia: *¿Por qué no puedo jugar con cerillas* (matches)?

Ud.:   *Porque es peligroso. Te puedes quemar y quemar la casa.*

C. En estos cuadros, ¿hay algo mal? Escriba cuatro **exclamaciones** y/o **interrogaciones** refiriéndose a las ilustraciones siguientes.

1.

2.

3.

4.

1. _____

   _____

2. _____

   _____

3. _____

   _____

4. _____

   _____

D. Escriba cinco **preguntas** o **exclamaciones** combinando las palabras de las dos columnas.

A	B
la farmacia	qué
tres exámenes	cómo
cinco mil pesetas	quién(es)
mis compañeros	dónde
mañana	cuál(es)
el mexicano	por qué
en autobús	cuándo
dos partidos	cuánto(s)/a(s)
bien	
tener prisa	
la lluvia	
soñar	
el jueves	

1. ¿Dónde está la farmacia?

2. ¡Cómo me molesta tener que ir en autobús a la universidad!

3. ¿Dónde están mis compañeros?
   ¿Dónde vas mañana?

4. _____

5. _____

E. Imagínate que eres una persona muy optimista (o pesimista). Escribe tres oraciones **exclamativas** que muestren tu optimismo (o pesimismo).

Ejemplo: *¡Qué compañeros más amables tengo!*

1. _____

2. _____

3. _____

INGLES	CATALAN	ESPAÑOL
Hello / Good-bye	Hola / Adeu	Hola / Adiós
My name is . . .	El meu nom és...	Me llamo...
How much is it?	Quant costa?	¿Cuánto cuesta?
I am looking for . . .	Estic buscant...	Estoy buscando...
We would like to have dinner.	Volem sopar.	Queremos cenar.
What is today's special?	Quin es el plat del dia?	¿Cuál es el plato del día?

En España se hablan otras lenguas además del español.

Creación

Escriba sobre alguna ocasión en que no entendió lo que alguien le dijo (en otra lengua o en la suya propia), y las consecuencias que tuvo, o un episodio cuando alguien no lo/la entendió a Ud. A continuación hay una anécdota como ejemplo. Escriba su composición en una hoja aparte.

¡Qué lío!

Lourdes, una cubana que visitaba España por primera vez, fue a un restaurante y preguntó por el baño para lavarse las manos antes de sentarse a comer. El camarero, algo sorprendido, le contestó que allí no había baño. Les tomó unos minutos de más preguntas y aclaraciones hasta que ella se dio cuenta de que "el baño" es el lugar para bañarse mientras que el salón que tienen en sitios públicos para otro tipo de necesidades se llama "el servicio". ¡Al menos en esa ciudad!... pues en otras se puede decir aseos, retretes, sanitarios, etc.

Phrases:	*Expressing a need; Pointing out a person or object*
Grammar:	*Possessives; Progressive tenses; Indirect commands; Verbs: preterite & imperfect*
Vocabulary:	*Food; Means of transportation; Sickness*

REPASO
GRAMATICAL
página 29

¡Qué guay!

Palabra por palabra / Mejor dicho

A. Escriba definiciones en español para las palabras del vocabulario.

1. acostarse _ir a la cama_

2. destacar _sobresalir, punto culminante_

3. estrenar _usar por primera vez, premiere_

4. expresión idiomática _modo especial de decir algo, modismo_

5. refrán _frase hecha, dicho_

6. trampa _truco_

B. Llene **uno** de los espacios en blanco de cada oración usando una de las palabras entre paréntesis.

1. No quiero volver hasta el _próximo_ invierno _____ .
   (próximo / siguiente)

2. Después de la pelea, no se hablaron en las _____ reuniones
   siguientes . (próximas / siguientes)

3. La _próxima_ vez _____ no quiero ir con ellos.
   (próxima / siguiente)

4. Discutí con él y al _____ día _siguiente_ no
   me saludó. (próximo / siguiente)

5. Este conflicto no se va a solucionar ni en las _próximas_ dos horas
   _____ ni nunca. (próximas / siguientes)

C. Llene los espacios en blanco usando una de las expresiones entre paréntesis. Recuerde conjugar el verbo cuando sea necesario.

1. ¿ _En_ (En / De) qué _piensas_ (pensar) cuando sonríes de
   ese modo?

2. No sé qué _pensar de_ (pensar en / pensar de / pensar) tu sugerencia.

3. No _pienso_ (pensar en / pensar de / pensar) caer en su trampa.

D. ¿Cuáles de los siguientes refranes se podrían colgar en las puertas de los tres establecimientos que ve en la ilustración? Explique por qué.

1. _____ No digas nunca de esta agua no beberé.

2. _____ Al cabo de cien años todos calvos.

3. _____ Quien hace la ley hace la trampa.

4. _____ Más ven cuatro ojos que dos.

5. _____ Quien mal anda, mal acaba.

_____

_____

_____

E. Usando el diccionario analice las siguientes oraciones para determinar el error de la traducción de la palabra subrayada. Substitúyala con la correcta.

1. En el partido de anoche un jugador de béisbol se enfadó y tiró el <u>murciélago</u> al aire.

_____

2. Soy alérgica a algo que comí y ahora tengo <u>colmenas</u> por todo el cuerpo.

_____

3. La carrera terminó en una <u>corbata</u>.

_____

4. Ella no puede venir al teléfono porque está <u>mintiendo abajo</u>.

_____

5. Cuando estaba en la ducha <u>anilló</u> el timbre de la puerta.

_____

Repaso gramatical

A. Cambie las siguientes oraciones **afirmativas** a **negativas** y viceversa.

1. No creo que Venancio sea madrileño.

_____

2. Dudo que Clara sepa el significado de la palabra "coger" en México.

_____

_____

3. Es cierto que Norberto siempre hace trampa.

_____

4. Creo que en Cuba le dicen "habichuelas" a las judías verdes.

_____

B. Cambie las oraciones a continuación empezando con las frases entre paréntesis.

Ejemplo: Yo les escribo una carta. (Parece importante...)
Parece importante que yo les escriba una carta.

1. Hace calor en el verano. (Es lógico que...)
   haga calor en el verano

2. Vamos de vacaciones. (Parece dudoso que...)
   vayamos de vacacemes.

3. Jacinta y Justina bailan muy bien. (Es verdad que...)
   ellas bailan muy bien

4. Vosotros tomáis esas medicinas. (Es necesario que...)
   toméis esas medicinas

5. Tú no fumas. (Es cierto que...)
   tú no fumas.

6. Recuerdo todos los datos. (Conviene que...)
   yo recuerde todos los datos.

7. Ud. declara la verdad. (Es mejor que...)
   ud. declare la verdad

8. Nadie sabe la respuesta. (Es evidente que...)
   nadie sabe la repuesta

9. Tiene náuseas y no quiere comer nada. (Es normal que...)
   no quiere comer nada

10. Los inviernos son cada vez más fríos. (No hay duda que...)
    los inviernos son cada vez más fríos.

C. Reescriba las oraciones siguientes introduciendo un segundo sujeto y haciendo los otros cambios necesarios para utilizar el **presente de subjuntivo.**

Ejemplo: Es útil aprender refranes extranjeros.
Es útil que los estudiantes aprendan refranes extranjeros.

1. Es difícil usar el diccionario correctamente.
   Es difícil que nosotros usen el diccionario correctamente

2. Ellos insisten en explicar el significado de los refranes.
   Ellos insisten en que expliques el significado de los refranes

3. ¿Es posible entender a otros pueblos?
   ¿Es posible que nosotros entendamos a otros pueblos?

4. Es importante memorizar las expresiones idiomáticas.
   Es importante que tú memorizes las expresiones id. máticas

5. A mí no me molesta mirar las fotos del viaje.
   A

D. Imagine que su hermano menor está a punto de graduarse de la escuela secundaria. Escriba cinco oraciones, usando el **subjuntivo,** que expresen sus dudas sobre el futuro de su hermano.

Ejemplo: *Dudo que mi hermano esté listo para vivir solo.*

1. _____

2. _____

3. _____

4. _____

5. _____

E. Hable de sus amigos/as o compañeros/as de clase utilizando **expresiones impersonales.** Preste atención al uso del **subjuntivo** y del **indicativo.**

Ejemplo: *Es raro que Mari Pili no quiera celebrar su cumpleaños con nosotros.*
Es evidente que ella tiene otros planes para ese día.

1. _____

2. _____

3. _____

4. _____

5. _____

Creación

Escriba en una hoja aparte un cuentito sobre un/a turista con problemas, empezando con la frase: "Nunca estaba muy seguro/a de si entendía lo que me decían, pero aquel día..."

Phrases:	*Linking ideas; Reassuring; Offering*
Grammar:	*Passive with se; Reflexives; Past participle agreement*
Vocabulary:	*Animals; Beach; Clothing*

SALUD, DINERO Y AMOR...
★ TIEMPO PARA GOZARLOS

UNIDAD II CONTRASTES CULTURALES

Así nos vemos / Así nos ven

**REPASO
GRAMATICAL**
página 32

Hamburguesas y tequila

Palabra por palabra / Mejor dicho

A. Reaccione a las costumbres presentadas a continuación usando palabras diferentes del vocabulario.

Ejemplo: Irene come con sus abuelos todos los domingos.
Es buena idea ver a la familia a menudo.

1. En India, si el marido moría primero, se solía matar a la esposa para incinerarla junto con él.

   Es mal vista a matar la esposa hecha idea en los estados unidos

2. En Grecia, el día de la boda, la madre del novio le daba una bofetada a la novia para enseñarle a obedecer a su nueva familia.

   Es buena idea

3. En los países árabes, la mujer debe caminar unos pasos detrás del hombre.

   Es buena idea

4. En los países hispanos el tiempo del almuerzo es largo para poder descansar un rato después de comer.

   Es buena idea

5. En Japón es de mala educación no quitarse los zapatos antes de entrar en la casa.

   Es buena idea

B. Decida si las siguientes frases, expresiones o palabras contienen **un tópico, un tema, un sujeto** o **una materia/una asignatura.**

Ejemplo: Todas las familias hispanas están muy unidas. _____ *Es un tópico.*

1. Los hombres no saben expresar sus emociones. *Es un tema.*

2. En la reunión de hoy se hablará de los viajes internacionales. *Es un sujeto*

3. Francisco Javier Rodríguez es mi jefe. *Es una asignatura/materia*

4. Las matemáticas me traumatizan. *Es una materia/asignatura*

5. Roberta González no vive aquí. *Es un sujeto.*

6. En Florida siempre hace buen tiempo. *Es un tópico.*

7. El presidente quiere discutir el problema de la inmigración ilegal. *Es un tema.*

8. Las rubias siempre se divierten más. *Es un tópico*

9. Los opuestos se atraen. *Es un tópico*

10. Me encantaría estudiar psicología. *Es una materia/una asignatura*

Repaso gramatical

A. Complete las oraciones con **hace** y una expresión de tiempo. Recuerde usar **desde** y/o **que** cuando sea necesario.

1. Viven aquí _____ .

2. Estáis cantando _____ .

3. Leímos los poemas de Pablo Neruda _____ .

4. _____ contemplas los cuadros de Velázquez.

5. Espero a mi novio _____ .

6. El niño lloraba _____ .

7. _____ no funcionaba el ascensor.

8. No salíamos de casa _____ .

9. Estabais enfermos _____ .

10. _____ no comía frijoles.

B. Traduzca las siguientes oraciones usando expresiones con **hace.**

1. *How long ago did you graduate?*

   _____

2. *It has been several years since we have seen them.*

   _____

3. *How long have they lived next door?*

   _____

4. *I have not been to the movies in ages.*

   _____

5. *It had been months since he had had a letter from her.*

   _____

C. Utilice expresiones con **hace** en oraciones negativas para expresar lo que estas personas no han hecho en mucho tiempo.

   Ejemplo: *(En el desierto) En este lugar no llueve desde hace 10 años.*

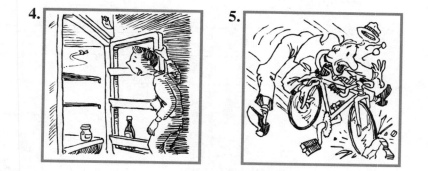

1. _____

2. _____

3. _____

4. _____

5. _____

Capítulo 5 Así nos vemos / Así nos ven 🎌 *Hamburguesas y tequila*

D. Lea el párrafo siguiente y luego escriba cinco oraciones con **hace** + pretérito para referirse a las acciones de la protagonista.

> Estoy muy contenta porque hoy he hecho muchas cosas. Me levanté a las 7 de la mañana para limpiar la casa. Había terminado para las 9:00 y fui al supermercado a hacer la compra. A las 12:00 pasé por la oficina de correos a recoger un paquete. A las 2:00 preparé una lasaña que me quedó deliciosa. A las 3:00 me senté a leer una novela y a las 5:00 ya la había terminado. A las 6:00 me fui al gimnasio y estuve en la sauna media hora. A las 8:00 me puse a ver mi programa preferido: Los Simpson. Ahora son las 9 de la noche y estoy tan cansada que me voy a acostar. ¡Buenos nachos!

Ejemplo: *Hace más de 12 horas que se levantó (la protagonista).*

1. _____
2. _____
3. _____
4. _____
5. _____

E. Escriba cinco oraciones para hablar de Ud. mismo/a. Emplee diferentes expresiones con **hace**.

Ejemplo: *¡Qué lástima! Hace siglos que no voy a un concierto de rock.*

1. _____
2. _____
3. _____
4. _____
5. _____

Creación

Las supersticiones también reflejan la cultura. Escoja alguna en la que Ud. cree (o no) y escriba en una hoja aparte un párrafo comentándola.

¡Uyyy! Por si acaso tocaré madera.

Phrases: *Encouraging; Expressing compulsion; Writing an essay*
Grammar: *Possessives; Indirect commands; Negation*
Vocabulary: *Cultural periods & movements; Dreams & aspirations; Gestures*

El eclipse

Palabra por palabra / Mejor dicho

A. Escriba oraciones originales usando las palabras del vocabulario. ¡Recuerde conjugar los verbos!

1. confiar _Confió mucho en mis amigos_
2. sentirse _Me ..._
3. renunciar _____
4. todavía _Bebo CocaCola todavía._
5. prisa _____
6. sentarse _____
7. engañar _____

B. Escriba en el espacio en blanco **un cuento** o **una cuenta** según corresponda.

1. Es parte de un libro. _Un cuento_
2. Cuando compras algo, te dan una. _un cuenta_
3. Tiene menos de 150 páginas. _un cuento_
4. Se puede pagar en efectivo, con tarjeta de crédito o con cheque. _un cuenta_
5. La mamá se lo lee a sus hijos. _un cuento_
6. La recibes por correo todos los meses. _un cuenta_
7. En la biblioteca puedes encontrar muchos. _un cuento_
8. Un/a autor/a lo ha escrito. _un cuento_

C. Reaccione a las siguientes afirmaciones usando **hora, tiempo** o **vez.**

1. No quise ir a pasear por el campo porque estaba nublado.

_____

2. Las hermanas Benavides están demasiado ocupadas esta semana para ir de compras.

_____

3. A Tintín se le perdió el reloj y siempre llega tarde a todos lados.

_____

4. Nos vemos a eso de (around) las dos en el restaurante.

_____

5. El conde Drácula volvió a llamar anoche.

_____

Unidad II • Capítulo 5 • PRÁCTICA ESCRITA

Repaso gramatical

A. Llene el espacio en blanco con la *a* **personal** cuando sea necesario.

1. Conozco _____ varios atletas profesionales.

2. Por favor, dale de comer _____ el perro.

3. Javier y yo hemos investigado _____ su modo de vivir.

4. Pronto consultaré _____ un especialista.

5. No oyó _____ el profesor salir.

6. Tenemos _____ dos hermanas.

7. Les hicimos _no_ una pregunta.

8. Tus primos no escucharían _no_ consejos de nadie.

9. ¿Llamasteis _si_ vuestros amigos?

10. ¿A qué colegio llevan Uds. _si_ su hijo?

B. **El regalo.** Llene el espacio en blanco con **pronombres de objeto directo** o **indirecto,** según corresponda.

A Oscar, mi hermano pequeño, _le_ gustan mucho las cajas de fósforos. El _las_ colecciona desde hace cinco años. El otro día yo _le_ traje a Oscar dos cajas muy antiguas. Mi padre _las_ encontró y pensó que no valían nada. Por eso él _las_ tiró a la basura.

Oscar buscó por todas partes y no pudo encontrar _las_ . A la hora de la cena, Oscar _nos_ preguntó si habíamos visto las cajas. Papá contestó que sí. Entonces él mismo fue a la cocina, encontró las cajas que aún no estaban estropeadas y _se_ _las_ entregó a Oscar.

C. Llene el espacio en blanco con **lo** cuando sea necesario.

1. —¿Llegas tarde a clase a menudo? —Sí, _____ llego tarde.

2. —¿Crees que tus hermanos van a seguir estudiando español? —Sí, _*lo*_ creo.

3. —¿Está Emilia muy ocupada? —Sí, _*lo*_ está.

4. —Después de los exámenes los estudiantes parecen exhaustos, ¿verdad? —Sí, _*lo*_ parecen.

5. —¿Trabajas tú todos los días? —Sí, _____ trabajo todos los días.

D. Traduzca al español las siguientes preguntas prestando especial atención a la palabra *it*. Luego contéstelas en español.

1. *Is it snowing there?* _____

_____

2. *Do you want to read it this morning? (the report)* _____

_____

_____

3. *Don't you like it? (the conclusion)* _____

_____

4. *Where did they find it? (the watch)* _____

_____

5. *Can it be true? (the rumor)* _____

_____

E. Hable sobre la experiencia de los pioneros europeos que llegaron a Norteamérica. Debe usar por lo menos cinco **pronombres de objeto directo** e **indirecto.**

_____

_____

_____

_____

_____

_____

_____

_____

_____

Creación

En una hoja aparte escriba una breve composición que empiece o termine con la frase siguiente:

"No tuve más remedio que (*I had no choice but*) engañarla."

Phrases:	*Talking about daily routines; Expressing time relationships; Agreeing & disagreeing*
Grammar:	*Object pronouns; Relatives; Verbs: compound tenses*
Vocabulary:	*Gestures; Clothing; Direction & distance*

REPASO
GRAMATICAL
página 36

La historia de mi cuerpo

Palabra por palabra / Mejor dicho

A. Complete las frases de modo original.

1. ¡Qué problema! Tengo que escoger _____
_____

2. El color verde es la mezcla de ___ *a zul* _____

3. Su madre es dermatóloga, es médica de ___ *la piel.* _____

4. Dicen que es malo ponerse muy moreno porque *puede cancer* _____

5. Tengo que comprarme un coche en seguida, no importa *si es usado.*

6. Para ser felices en pareja hay que *hablar en confiansa*

7. Sus parientes *son muy costros*

8. Para estar flacos Antonio y Enrique *corren las aladas*

9. Sólo faltan *dos dias para el festival de San Patricia*

10. Fue muy embarazoso cuando *me caye enfrente de el clase*

B. Conteste las preguntas siguientes.

1. ¿Qué te ha hecho mucho daño?
Alex-nov me hizo mucho daño.

2. ¿Qué te hace falta para estar en contacto constante con tus amigas/os?
_____

3. ¿Faltas a clase a menudo? ¿A qué no faltas jamás?
Falat a clase a veces minca fata comer.

4. ¿Mezclas las bebidas cuando sales de fiesta? ¿Es bueno o malo mezclarlas?
_____

5. ¿Eliges actividades arriesgadas o seguras para divertirte?
_____

Capítulo 5 Así nos vemos / Así nos ven ▣ *La historia de mi cuerpo*

C. Escriba una anécdota sobre una experiencia embarazosa suya o de otra persona que conozca (por ejemplo: cuando hay dos personas vestidas igual en una fiesta). Explique en qué consistió y la reacción de la gente.

_____

_____

_____

_____

_____

Repaso gramatical

A. Llene los espacios en blanco con **hay que, tener que** o **deber (de)** en el tiempo verbal adecuado.

1. Algunos lugares _____hay que_____ verlos personalmente para apreciarlos.

2. Uno _____deber de_____ prepararse cuidadosamente para un viaje.

3. Para ir a los Alpes, ¿ _____hay que_____ comprar ropa de esquiar?

4. Los chicos menores de 16 años no _____deber de_____ viajar solos.

5. Los turistas que viajan en grupo no _____tener que_____ preocuparse de los planes de cada día.

B. **Consejos para ser feliz.** Escriba tres consejos generales (con **hay que**) y tres específicos (con **tener que / deber**).

Ejemplo: _Hay que saber disfrutar de la vida._
Tiene que trabajar menos.

1. _____Hay que escribir el papel_____

2. _____Tienes que escribir el papel_____

3. _____

4. _____

5. _____

6. _____

C. Reescriba las oraciones siguientes utilizando el **presente perfecto de subjuntivo** en la tercera persona (singular o plural). Haga los cambios necesarios.

Ejemplo: _Es saludable comer poco. Es saludable que hayan comido poco._

1. Es admirable conducir toda la noche.

_____

2. Nos sorprende haber sacado tan buenas notas.

_____

3. Lamento no haber conocido a su cuñada.

_____

4. Inmaculada se alegra de haber pedido una Schweppes.

_____

5. ¿Espera Ud. haber terminado antes de las 5:00?

_____

D. Complete los espacios en blanco con el **presente de subjuntivo** o el **presente perfecto de subjuntivo,** según corresponda. Preste atención a todos los elementos de la oración.

1. Es muy probable que ya tus abuelos _____ porque todas las luces están apagadas. (acostarse)

2. No creemos que la asociación te ___*haya denunciado*___ porque no ha llegado ninguna notificación. (denunciar)

3. ¿No estás segura de que Ramoncito lo ___*haya hecho*___ bien? Pues, entonces, dile que vuelva a hacerlo. (hacer)

4. Sinceramente dudo que todos los nadadores ___*crucen*___ el lago esta tarde pues hay muchas olas. (cruzar)

5. Pero Bernarda, ¿cómo es posible que ahora no te ___*acuerdes*___ ? (acordar)

6. Es lógico que tú no te ___*hayas enterado*___ de nada de esto, pues sucedió cuando tú estabas en el extranjero. (enterar)

7. No puedo creer que (tú) se lo ___*hayas dicho*___ a tu hermano. Sabes muy bien que él no debería haberlo sabido nunca. (decir)

E. Haga suposiciones sobre el retraso *(delay)* de una novia *(bride)* a su boda. Utilice el presente perfecto de subjuntivo y diferentes verbos y expresiones en la primera cláusula.

¿Dónde estará...?

Ejemplo: *No es muy posible que (la novia) haya cambiado de opinión.*
Es muy probable que (la novia) se haya equivocado de iglesia.

1. _____

2. _____

3. _____

Creación

Todo es relativo. Escriba en una hoja aparte un párrafo contrastando algo en lo que Ud. creía y que luego descubrió que no era cierto.

**La tierra...
¿redonda o
plana?**

Phrases:	*Describing people; Expressing an opinion; Repeating*
Grammar:	*Adjectives; Comparisons; Past participle: agreement*
Vocabulary:	*Body; Hair; Postures; Senses*

UNIDAD II CONTRASTES CULTURALES

Aquí estamos: los hispanos en EE UU

REPASO
GRAMATICAL
página 38

¡Ay, papi, no seas coca-colero!

▶ Palabra por palabra / Mejor dicho

A. Llene los espacios en blanco con palabras o expresiones del vocabulario.

1. A pesar de todos los _____ del padre, la niña seguía _____ desconsoladamente.

2. El emigrante _____ muy poco tiempo en obtener un _____ en el nuevo país.

3. No es fácil encontrar _____ al llegar exiliado a un país extranjero.

4. Aprender otra lengua requiere un _____ enorme.

5. Aunque todos _____ , muchos no _____ ganar lo suficiente.

B. Subraye las palabras correctas.

1. Por mucho que estudio no (logro / tengo éxito en) entender la física.

2. A los treinta años Felipe ya había (logrado / tenido éxito en) su carrera política.

3. Para (lograr / tener éxito) la suerte es muy importante.

4. Beatriz (logró / tuvo éxito en) encontrar un puesto después de dos meses.

5. El estéreo viejo tenía un sonido magnífico y (trabajaba / funcionaba) muy bien.

6. ¿(Trabaja / Funciona) Ud. en la oficina del señor Ramírez?

7. ¡Cómo (trabajó / funcionó) Demetrio! ¡Qué burro!

8. Por suerte, mi coche siempre ha (trabajado / funcionado) bien.

9. ¡Su jefe quería que mi hermano (trabajara / funcionara) el domingo!

10. Es importantísimo que todo (trabaje / funcione) a la perfección.

Repaso gramatical

A. Conteste las siguientes preguntas con un **mandato afirmativo** y otro **negativo** de **tú**.

Ejemplo: —¿Debo ir al supermercado?
            —Sí, ve por favor.
            —No, no vayas al supermercado.

1. ¿Debo levantarme temprano?

   No, no me llevante temprano, Sí, me llevante temprano.

2. ¿Debo casarme joven?

   Sí, casa

3. ¿Debo divertirme después del examen?

4. ¿Debo hacer todos los ejercicios?

5. ¿Debo salir ya para al aeropuerto?

B. Déle consejos a alguien que tiene catarro *(cold)* o gripe *(flu)*. Utilice la forma de **Ud.** y **mandatos afirmativos** y **negativos.**

Ejemplo: *No beba bebidas muy frías y duerma mucho.*

1. Coma sopa
2.
3.
4.
5.

C. Unos cuantos amigos y Ud. están haciendo planes para viajar por España. Escriba cinco mandatos afirmativos y negativos con **nosotros.** Use las dos formas del mandato afirmativo.

Ejemplo: *Visitemos/Vamos a visitar la Sagrada Familia en Barcelona.*
            No vayamos a una corrida de toros.

1. No vayamos a
2.
3.
4.
5.

D. Escriba un **mandato afirmativo** y otro **negativo** a las siguientes personas.

1. a alguien que te gusta

    _____

2. a tu compañero/a de cuarto

    _____ ve al cine a de cuarto, *no, no vayas al cine* _____

3. a una profesora

    _____

4. a tus padres

    _____

5. a alguien a quien odias

    _____

E. Llene los espacios en blanco con la forma correcta del verbo entre paréntesis.

1. Julia quiere que Raúl _____ ingeniero. (ser)

2. El supervisor exige que yo _____ uniforme todos los días. (usar)

3. El capataz no espera que nosotros _____ cuello y corbata. (llevar)

4. El marido teme que su esposa _____ de él. (avergonzarse)

5. A mi hermana le duele que su hijo _____ para una compañía que no le gusta. (trabajar)

F. Combine las oraciones que aparecen a continuación. Empiece con la frase entre paréntesis.

Ejemplo: Juanita no estudia mucho. (Yo quiero...)
           Yo quiero que Juanita estudie mucho.

1. ¿Lo hacemos ahora? (¿Quiere Ud.... ?)

    _____

2. Vosotros no conocéis Miami. (Siento...)

    _____

3. ¿Traigo una Coca-Cola o una Pepsi-Cola? (¿Deseas... ?)

    _____

4. Uds. se encuentran bien. (Nos alegramos...)

    _____

5. Luis conseguirá su visa. (Su familia espera...)

    _____

6. Su hija llora mucho. (A Manolo le sorprende...)

    _____

G. Escriba el diálogo entre dos amigos que quieren ir al cine y están decidiendo lo que van a hacer, ver, etc. Utilice **verbos** de **deseo** y **emoción.** Preste atención al uso del subjuntivo.

Ejemplo: —¿Quieres que vayamos a la sesión de las siete o a la de las nueve?

—Si no te importa, prefiero que vayamos a la de las nueve.

Creación

Escriba en una hoja aparte una carta a los Reyes Magos diciendo lo que desea que le traigan.

Queridos Reyes Magos:

Phrases: *Describing the past; Attracting attention; Planning a vacation*

Grammar: *Subjunctive with* ojalá; *Possessives; Demonstrative adjectives*

Vocabulary: *Automobile; Camping; Clothing*

REPASO GRAMATICAL
página 41

In Between

Palabra por palabra / Mejor dicho

A. Rellene el crucigrama. La mayoría de las palabras, pero no todas, son del vocabulario de esta lectura.

Horizontales

1. alguien a quien no he visto nunca antes
5. cambiar de residencia
6. período corto de tiempo
8. que no es común ni convencional (f.)
9. no asistir
12. que ríe con los ojos y juega al amor
14. lugar donde sentarse

Verticales

2. tener nostalgia por las cosas
3. seguridad
4. verificar algo
7. ser de alguien
10. no retener
11. partes de la mano
13. el mes más cruel

B. Escoja seis palabras del vocabulario y defínalas en español.

1. _____

_____

2. _____

_____

3. _____

_____

4. _____

_____

5. _____

_____

6. _____

_____

▶ Repaso gramatical

A. Combine las dos oraciones como muestra el ejemplo. Observe que la segunda contiene un verbo de **petición** o **mandato.**

Ejemplo: Roberto viaja solo. Su mamá no desea _____*que Roberto viaje solo*_____ .

1. Mi hermano gasta mucho dinero en recepciones. Sus clientes esperan _____

_____ .

2. El niño toma medicinas. El médico insiste en _____ .

3. Buscamos otro trabajo. Ellos nos aconsejan _____ .

4. Habláis español en clase. Los profesores os exigen _____

_____ .

5. Anita dice la verdad. Su tía le pide _____ .

6. Salimos con ellos. Mi papá nos permite _____ .

7. Duermes ocho horas. Tu empleo te impide _____ .

8. Coméis pescado. El camarero os recomienda _____ .

9. Uds. pagan la multa. La policía les ordena _____ .

10. Ellos se acuestan temprano. Les rogamos _____ .

B. Imagínate que eres la encargada *(staff manager)* de una empresa y tienes que informarles a los nuevos empleados y empleadas lo que está permitido y prohibido hacer durante las horas de trabajo. Utiliza verbos de **petición** y **mandato** y el subjuntivo.

Ejemplo: *Les exijo que no pierdan el tiempo navegando por Internet.*

1. _____

2. _____

3. _____

4. _____

5. _____

C. Reescriba estas oraciones en el pasado. Utilice **el imperfecto de subjuntivo** en la cláusula subordinada.

Ejemplo: Es asombroso que Mario no se enferme nunca.
             Era asombroso que Mario no se enfermara nunca.

1. Es una lástima que Lucía no termine la tesis.

   _____

2. Les ruego a Uds. que me hagan un favor.

   _____

3. Es improbable que vivamos en una tienda de campaña.

   _____

4. Esperas que Vicente te revele su secreto.

   _____

5. Lorenzo y Angela lamentan que yo no pueda hacerlo.

   _____

6. Roberto os recomienda que aprendáis su lengua materna.

   _____

7. Es necesario que tú pienses en una solución.

   _____

8. Graciela y Eduardo quieren que vosotros sigáis una carrera prestigiosa.

   _____

9. Todos mis amigos me aconsejan que no mienta tanto.

   _____

10. Le pido a mi hermana que tenga cuidado.

    _____

D. Complete las oraciones siguientes. Preste atención al uso del **presente** y el **imperfecto de subjuntivo.**

Ejemplo: Cuando era pequeña mis maestros me permitían _____*que durmiera en clase*_____ .

1. Cuando era traviesa *(naughty)* mis padres no me dejaban que _____

_____ .

2. En el restaurante donde trabajamos nos han prohibido que _____

_____ .

3. Les ruega a todos los fumadores que por favor _____

_____ .

4. A veces el mal tiempo nos impide que _____

_____ .

5. Amor mío, te pido de todo corazón que _____

_____ .

E. Consultorio sentimental. Dígale a su mejor amigo, que tiene problemas con su novia, lo que debe hacer en las siguientes circunstancias. Utilice **verbos** de **petición** y **mandato** y el imperfecto de subjuntivo. El verbo de la cláusula principal debe estar en el condicional.

Ejemplo: Julia, mi novia, se niega a ir a los partidos de fútbol conmigo.
Pues yo en tu lugar, insistiría (en) que fuera todos los sábados.

1. No quiere conocer a mi familia.

_____

_____

2. Nunca me regala discos ni camisas.

_____

_____

3. Baila con otros siempre que vamos a una fiesta.

_____

_____

4. Sus amigas siempre están en su apartamento.

_____

_____

5. Prefiere leer un libro que cocinar.

_____

_____

F. Diga lo que las personas siguientes nos indican que hagamos o no. Utilice el infinitivo después de los **verbos** de **petición** o **mandato**.

Ejemplo:

1.
2.
3.
4.
5.

Ejemplo: *El guardia no nos permite aparcar aquí.*

1. _____

2. _____

3. _____

4. _____

5. _____

▶ Creación

¿Se ha sentido Ud. alguna vez entre la espada y la pared *(between a rock and a hard place)?* Explique la situación y cómo se resolvió finalmente. Por último, dele consejos a alguien que pueda encontrarse en una situación similar basándose en lo que aprendió con esa experiencia. Escribe su anecdota en una hoja aparte.

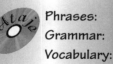

Phrases:	*Expressing intention and irritation; Requesting or ordering; Encouraging*
Grammar:	*Subjunctive: agreement; Compound tenses; Imperative*
Vocabulary:	*Automobile; University; Stores & products*

Nocturno chicano /
Canción de la exiliada

▶ Palabra por palabra / Mejor dicho

A. Complete las siguientes frases de modo original usando palabras del vocabulario.

1. Las chicas que son muy coquetas _____ .

2. Nunca _____ .

3. No comprobé el cambio cuando pagué en el supermercado y _____

   _____ .

4. ¿Quieres explicarme _____ ?

5. A veces un/a desconocido/a puede _____

   _____ .

B. Escoja cinco palabras del vocabulario y escriba algunos de sus derivados.

   Ejemplo: *actualmente → actualidad*

1. _____

2. _____

3. _____

4. _____

5. _____

▶ Repaso gramatical

A. Lea las siguientes oraciones y subraye las palabras que contienen **prefijos** o **sufijos.**

1. Sus amigos le aconsejaron a Marcos que no condujera tan rápidamente.

2. Su profesor había previsto las dificultades de su proyecto.

3. Marcos aceptó la propuesta sin objeciones.

4. No hubo problemas con la ejecución del plan.

5. A Marcos los indios lo tomaron por un terrorista desquiciado.

B. Busque en algún texto en español (periódicos, anuncios, Internet, etc.) al menos diez palabras formadas con **prefijos** y defínalas en español. ¿Sabe Ud. cuál es la palabra base o cuáles son algunas otras palabras derivadas de ella?

Ejemplo: *enriquecerse = hacerse rico/a (cambio)*
rico → riqueza → ricamente

1. _____
_____

2. _____
_____

3. _____
_____

4. _____
_____

5. _____
_____

6. _____
_____

7. _____
_____

8 _____
_____

9. _____
_____

10. _____
_____

C. Busque en un periódico en español al menos diez palabras formadas con **sufijos** y defínalas en español. ¿Sabe Ud. cuál es la palabra base o algunas otras derivadas de ella? Si es necesario use el diccionario o cualquier otra fuente de información.

Ejemplo: *equilibrista (tightrope artist) = quien camina manteniendo el equilibrio en la cuerda floja*
equilibrio → equilibrar

1. _____
_____

2. _____
_____

3. _____

_____

4. _____

_____

5. _____

_____

6. _____

_____

7. _____

_____

8 _____

_____

9. _____

_____

10. _____

_____

D. Deduzca el significado de las siguientes palabras prestando atención a los **prefijos** que contienen.

Ejemplo: reforzar   *hacer más fuerte todavía*

1. desterrar _____

2. compañero _____

3. impaciente _____

4. predecir _____

5. recubrir _____

6. empeorar _____

7. desconfiar _____

8. amoral _____

9. enterrar _____

10. reimprimir _____

11. reponer _____

12. desayunar_____

E. Forme palabras derivadas de las siguientes. Utilice diferentes **sufijos.**

    Ejemplo: religión   *religioso/a, religiosamente, religiosidad*

   1. colección _____

   2. especial _____

   3. comer _____

   4. personal _____

   5. forma _____

   6. comunista _____

▶ Creación

Escriba en una hoja aparte un párrafo relatando un incidente de acoso telefónico *(telephone harrassment)* por parte de vendedores, llamadas anónimas, etc. Describa la situación y lo que hizo para resolverla. Preste atención a la estructura del párrafo procurando darle un poco de suspenso a la situación.

Phrases:	*Warning; Talking on the phone; Expressing compulsion*
Grammar:	*If clauses; Progressive tenses; Indirect commands*
Vocabulary:	*Telephone; Upbringing; Time of day*

UNIDAD III LOS DERECHOS HUMANOS

Los sobrevivientes

REPASO GRAMATICAL
página 50

Testimonios de Guatemala

▶ **Palabra por palabra / Mejor dicho**

A. Escriba cinco oraciones con las palabras del vocabulario y tradúzcalas. Utilice más de una palabra del vocabulario en cada oración.

> **Ejemplo:**   *Me llamó la atención <u>el comportamiento</u> de <u>los demás</u>.*
> *The behavior of the others caught my attention.*

1. _____
   _____

2. _____
   _____

3. _____
   _____

4. _____
   _____

5. _____
   _____

B. Escoja la respuesta correcta.

1. Mi profesor me (aconsejó / avisó) que consultara la Enciclopedia Británica.

2. Ya les he dicho a mis colegas que si pasa algo, me (avisen / aconsejen) a cualquier hora.

3. El cartero me ha (aconsejado / avisado) por teléfono que ha llegado un paquete para mí.

4. Me (avisaron / aconsejaron) que había dejado encendidas las luces del carro.

5. Primitivo quería que le (aconsejara / avisara) sobre sus problemas románticos, pero preferí no hacerlo.

Unidad III • Capítulo 8 • PRÁCTICA ESCRITA

C. Traduzca las oraciones siguientes prestando atención a **igual** y **mismo/a.**

1. *We always make the same mistake.*

   _____

2. *Isn't her doctor the same as yours?*

   _____

3. *Men and women should be treated the same.*

   _____

4. *My boyfriend and I worked at the same restaurant.*

   _____

5. *Tina and Puri wrote the speech themselves.*

   _____

Repaso gramatical

A. Vuelva a escribir estas oraciones en el tiempo progresivo. Recuerde que puede usar otros verbos además que **estar. ¡Ojo!** No siempre se puede usar la forma progresiva.

1. Mientras yo hacía los ejercicios de traducción, los demás veían la televisión.

   _____

2. Estaba tan cansado que dormí hasta las tres.

   _____

3. Mis compañeros me han molestado toda la tarde.

   _____

4. Ojalá vengan mis abuelos a mi graduación.

   _____

5. Esperan que yo aprenda mucho en esta universidad privada.

   _____

6. Habían buscado un regalo para cuando yo me graduara.

   _____

7. Después de graduarme, me iré de vacaciones.

   _____

B. **¡Pasajeros al tren!** Usando la forma progresiva, diga lo que están haciendo los personajes del dibujo.

Ejemplo: *Algunos viajeros están esperando la salida del tren de las 4:00 de la tarde.*

1. _____
   _____

2. _____
   _____

3. _____
   _____

4. _____
   _____

5. _____
   _____

6. _____
   _____

C. El otro miembro de la familia. Describa cuadro por cuadro lo que ocurre en esta tira cómica. Use el tiempo progresivo.

Ejemplo: *El padre está abriendo la puerta.*

_____

_____

_____

_____

_____

_____

_____

_____

_____

_____

_____

_____

_____

_____

D. Continúe la siguiente conversación telefónica entre dos amigos. Utilice el gerundio y los tiempos progresivos.

—Hola, Miguel Angel, ¿dónde estabas esta tarde?

—Entre las 5 y las 6 estaba dando un paseo con mi perro.

— _____

— _____

— _____

— _____

— _____

— _____

— _____

— _____

E. Traduzca las oraciones siguientes. Decida primero si debe usar el gerundio al traducir la oración al español o no.

1. *Guadalupe, before leaving, please call me.*

   _____

2. *Exercising in the morning is a good idea.*

   _____

3. *The running man disappeared in the park.*

   _____

4. *The barking dog scared me.*

   _____

5. *We are leaving for Rosario tomorrow.*

   _____

Creación

Imagínese que es abogado/a y conoce muy bien el sistema judicial de los Estados Unidos. Escoja uno de estos temas y escriba un párrafo. En una hoja aparte, explique (1) cómo se selecciona el jurado para un juicio, (2) cómo sabe si el testimonio que da el/la testigo es verdadero o falso o (3) por qué no puede testificar una esposa contra su marido.

Phrases:	*Writing a news item; Linking ideas; Talking about the present*
Grammar:	*Relatives: antecedent; Comparisons; Accents*
Vocabulary:	*People; Media: newsprint; Office*

Preso sin nombre,
celda sin número

Palabra por palabra / Mejor dicho

A. Complete las oraciones siguientes con palabras del vocabulario.

1. Dicen que el _____ más fuerte es el amor.

2. El _____ de los conspiradores ocurrió ayer a las tres de la madrugada.

3. Nunca se debería _____ lealtad a un dictador.

4. A medianoche se oyeron unos golpes en la puerta que _____ a toda la familia.

5. Cuando éramos refugiados, comíamos mal y por eso nos sentíamos muy _____ .

6. Hay gente que no puede soportar la _____ .

7. Yo _____ la violencia.

B. Escoja la palabra correcta.

1. ¿Tiene (sentido / sensación / sentimiento) recurrir a la violencia para mantenerse en el poder?

2. Tenía (la sensación / el sentido / el sentimiento) de que alguien me observaba.

3. Al caer se dio contra la pared y perdió (la sensación / el sentido / el sentimiento).

4. Su (sensación / sentido / sentimiento) de odio era tan fuerte que continuaba luchando aunque estaba herido de muerte.

**¿Sentimiento,
sensación o sentido?**

C. Escriba ocho oraciones con **sentido, sensación, sentimiento** relacionadas con las ilustraciones siguientes.

Ejemplo: *Tomó una mala decisión porque se dejó llevar pos sus sentimientos.*

1. _____

2. _____

3. _____

4. _____

5. _____

6. _____

7. _____

8. _____

Repaso gramatical

A. Llene el espacio en blanco con el tiempo y modo correspondiente de los verbos entre paréntesis.

Timerman no conocía a los hombres que lo _____ (secuestrar). En su casa,

no había joyas que _____ (valer) millones, ni libros que

_____ (tratar) temas subversivos. Los únicos objetos que

_____ (tentar) a los secuestradores fueron su reloj y un encendedor que su

esposa le _____ (regalar).

B. Complete las oraciones a continuación. Tenga cuidado con el modo y el tiempo del verbo en las cláusulas adjetivales.

1. ¿Hay un lugar donde _____ ?

2. Gaspar tenía una amiga que _____ .

3. ¿Conoces a alguien que _____ ?

4. Jorge necesitaba un libro que _____ .

5. ¿Hay algo que _____ ?

6. No teníamos ningún mecánico que _____ .

7. Había unas zapatillas deportivas que _____ .

8. Están buscando un billete de avión que _____ .

C. Seleccione una de las cuatro opciones presentadas en las ilustraciones y escriba una oración utilizando cláusulas adjetivales.

Ejemplo: *Busco (Quiero comprarme) un perro que no me cueste un ojo de la cara* (an arm and a leg).

1. _____

2. _____

3. _____

4. _____

D. Escriba las siguientes formas del imperfecto de subjuntivo empleando la otra terminación.

Ejemplo: tuvieran   *tuviesen*
            comieses   *comieras*

1. desfiláramos   _____

2. sintieras   _____

3. quedaran   _____

4. afeitara   _____

5. vierais   _____

6. pudiese   _____

7. fuesen   _____

8. colgases   _____

9. siguieseis   _____

10. probásemos   _____

E. Escriba oraciones adjetivales con subjuntivo e indicativo para hablar de Ud. mismo/a y de su mundo.

Ejemplo: *Voy a un gimnasio que me pilla muy cerca de casa.*
            Nunca me haría socia de un gimnasio que no tuviera sauna.

1. _Pshidroso que_ _____

2. _____

3. _____

4. _____

5. _____

Creación

Imagínese que Ud. sufre de algún tipo de fobia: claustrofobia, agorafobia, hidrofobia, aracnofobia *(spider phobia)*... En una hoja aparte, explique desde cuándo ha tenido esa fobia y lo que hace para superar el sentimiento de terror.

Phrases:	*Asking & giving advice; Describing health; Weighing alternatives*
Grammar:	*Article: definite el, la, los, las; Demonstrative adjectives: este, ese, aquel; Verbs: transitive & intransitive*
Vocabulary:	*Face; Gestures; Medicine*

REPASO GRAMATICAL
página 53

Pan

Palabra por palabra / Mejor dicho

A. **Sopa de letras.** Localice en el cuadro nueve palabras en español, teniendo en cuenta que se pueden leer de derecha a izquierda, de izquierda a derecha, de arriba abajo y de abajo arriba.

```
r a z i l a e r a x z p r e d e c i r
a l s u s e s p i a r a d a o c a l f
t o g i m r s e o s u s u r r a r p t
a c a l t a b r a z o i l a e r v l m
r u a z a s z a d a z a r f q u r t s
c r r o a l m o h a d a e r p m l s g
c a g r a t n e v a l g z u r l p c n
```

1. _____
2. _____
3. _____
4. _____
5. _____

B. Subraye la forma correcta.

1. ¿(Te diste cuenta de / Realizaste) lo rápido que pasó el tiempo?
2. Todavía no sabemos cuándo podrán (darse cuenta de / realizar) las obras de la carretera.
3. Cada vez que trato de hablar con Valentina, (me doy cuenta de / realizo) que es inútil.
4. Espero que (haya realizado / se haya dado cuenta de) su error a tiempo.
5. ¿En qué laboratorio piensan (realizar / darse cuenta de) los experimentos científicos?
6. (Nos hemos dado cuenta de / Hemos realizado) quién era demasiado tarde.

Repaso gramatical

A. Complete las oraciones siguientes con diferentes tiempos del **subjuntivo.**

1. Iremos al picnic a no ser que _nos quedemos dormidas_ .
2. Lavaré las sábanas a condición de que _____ .
3. A Mariana le pagarán una carrera universitaria a menos que _____ .
4. Rodolfo se puso una peluca (wig) para que _____ .
5. A mi madre no le importa lo que como con tal que _____ .
6. Luis y Alberto serán buenos amigos siempre que _____ .

B. Escriba cinco oraciones sobre sus costumbres de ayer y de hoy utilizando **conjunciones de propósito, excepción** y **condición.**

Ejemplo: *Íbamos a caminar por el parque a menos que lloviera.*

1. _Iremos por el parque por perros salvo que m3_
2. _____
3. _____
4. _____
5. _____

C. Traduzca las siguientes oraciones al español. Tendrá que usar el subjuntivo en las cláusulas subordinadas.

1. *Our grandparents left without our knowing it.*

   _____

2. *We must go to the doctor today unless you are feeling better.*

   Tenemos que ar a la doctor a menos que

3. *You should invite Ricardo so that he doesn't feel left out.*

   _____

4. *Provided that everyone is here on time, we intend to leave for the theater at 6:00 p.m.*

   _____

5. *In case you get home before I do, please start dinner.*

   _____

D. Escriba el diminutivo de las palabras a continuación y tres oraciones usando dos diminutivos en cada una.

mujer _____   ahora _____   pan _____

dibujo _____   pez _____   amarga _____

bola _____   migas _____   rincón _____

1. _____
2. _____
3. _____

▶ Creación

En una hoja aparte, escriba un poema a la amistad o a la solidaridad, o comente una canción, película u obra de arte que presente uno de estos temas.

Phrases:	*Describing people; Encouraging; Thanking*
Grammar:	*Possessive adj.:* su(s); *Prepositions:* para; *Verbs: future*
Vocabulary:	*Personality; Time expressions; Numbers*

UNIDAD IV HACIA LA IGUALDAD ENTRE LOS SEXOS

Lenguaje y comportamientos sexistas

REPASO GRAMATICAL
página 63

El texto libre de prejuicios sexuales

▶ Palabra por palabra / Mejor dicho

A. Primero, subraye las palabras del vocabulario y, luego, complete las oraciones de manera original.

1. Nuestra reivindicación es la siguiente: _____ .

2. El cuidado de la casa ha sido _____ .

3. Alma y Sabrina no se cambiarán de apellido aunque _____
   _____ .

4. Esa serie de televisión refuerza _____
   _____ .

5. No es aconsejable ocultarles a los niños _____
   _____ .

6. Es posible que se casen porque _____
   _____ .

7. Creímos que era soltero porque _____
   _____ .

8. La moda actual refleja _____ .

9. Indiscutiblemente, _____ .

10. Cuando uno/a cambia de estado civil, _____
    _____ .

11. El experimento consistía en introducir _____
    _____ .

12. Cecilia, recuérdame en la recepción que te presente a _____
    _____ .

B. Llene el espacio en blanco con una de las palabras siguientes: **papel, hacer/desempeñar el papel/el rol, trabajo, periódico, diario.**

1. ¿Vuestro perro no os recoge el _____ por la mañana? Pues el mío sí que lo hace.

2. Cuando jugaba con mi hermano, yo _____ de la madre.

3. En nuestra casa reciclamos vidrio, plástico y _____ . ¿Y Uds.?

4. ¿Cuándo tenemos que entregar el _____ para la clase de filosofía?

5. Al usar el correo electrónico ahorramos mucho _____ .

6. Dos de los _____ principales de España son *El País* y *ABC*.

7. Las instrucciones que nos dio eran que el _____ debía tener tres páginas.

8. Para hacer bien ese _____ dramático, tuvieron que ensayar horas y horas.

Repaso gramatical

A. Primero, identifique el sujeto y el objeto directo de las siguientes oraciones. Después, cámbielas a la voz pasiva con **ser** y tradúzcalas.

Ejemplo: Nuestra empresa va a contratar a dos nuevos gerentes.
       sujeto   *verbo*   *objeto directo*

Dos nuevos gerentes van a ser contratados por nuestra empresa.
Two new managers are going to be hired by our company.

1. Todos celebramos (pret.) la buena noticia.

_____

_____

2. Un grupo de jóvenes organizará un concierto de rock.

_____

_____

3. El alcalde de Salamanca va a recibir a los campeones de la liga de fútbol.

_____

_____

4. Lamento que los jueces hayan eliminado a su equipo.

_____

_____

5. Los filósofos han utilizado la palabra "hombre" con sentido universal.

_____

_____

B. Primero, identifique el sujeto y el objeto directo gramatical de estas oraciones. Luego, cámbielas para que tengan un significado pasivo y tradúzcalas. Use **se.**

Ejemplo: Perjudican directamente a las mujeres.
             Se perjudica directamente a las mujeres.
             Women are directly harmed.

1. No consideran a las mujeres seres inferiores.

_____

_____

2. Van a redefinir los papeles de la mujer y del hombre.

_____

_____

3. ¿Por qué debemos evitar las comidas picantes?

_____

_____

4. En español, reservan el género femenino para trabajos poco prestigiosos.

_____

_____

5. Han invitado al señor Cuervo y a la señora Aguilar.

_____

_____

C. Traduzca las oraciones con **se** y explique en cada caso por qué se ha usado esa estructura pasiva y no otra.

La planta del cacao es un árbol que puede alcanzar los 10 metros. Calentando las semillas secas se obtiene una pasta de la que se extrae la mantequilla de cacao y se produce con el resto el polvo de cacao. A continuación, mezclando de nuevo la pasta de cacao, el azúcar y la mantequilla de cacao, se obtienen tabletas de chocolate. Se produce en Bolivia y se cultiva en esta zona del país sin utilizar productos químicos. (Folleto informativo de Equi.3.Mercado. Consumo solidario)

_____

_____

_____

_____

_____

D. Ahora Ud. diga cómo se hace algo (por ejemplo, un sándwich de queso, la cama, conducir, andar, subir las escaleras, etc.), utilizando la estructura con **se.**

Ejemplo: *Primero se sacan el queso, la salame y la mayonesa del frigorífico.*

_____

_____

_____

_____

_____

E. Escriba tres oraciones con **se** en estructuras reflexivas y tres con **se** en estructuras pasivas. Después tradúzcalas.

Ejemplos: *Se bañarán tan pronto como se levanten. (reflexivo)*
They will take a bath as soon as they get up.

Todavía se desconocen las causas del atentado. (pasivo)
The causes of the assassination attempt are still unknown.

1. _____

_____

2. _____

_____

3. _____

_____

4. _____

_____

5. _____

_____

6. _____

_____

Creación

En una hoja aparte, escriba un párrafo comentando los usos y abusos así como las ventajas y desventajas del lenguaje "políticamente correcto". Sea específico y dé ejemplos. A continuación tiene un ejemplo.

Lenguaje sexista

El pasado domingo 30 de mayo leíamos en EL PAIS la trágica noticia de la muerte de cinco personas turcas en una ciudad alemana, víctimas de un incendio intencionado de origen racista. La barbarie xenófoba nos ha horrorizado una vez más.

Con todo, dado por supuesto el total repudio a este hecho, el presente comentario se refiere al lenguaje periodístico, marcadamente sexista, empleado en la transmisión de la noticia. *Cinco turcos, entre ellos dos niñas, mueren en un incendio provocado en la ciudad alemana de Solingen* es el título bajo el cual se nos informa del acontecimiento en EL PAIS. Idéntico encabezamiento, en su parte inicial, aparece en muchos otros medios de comunicación. Leyendo a continuación el cuerpo de la reseña nos enteramos de que los cinco turcos son, en realidad, cinco turcas, todas ellas, por tanto, del sexo femenino. ¿A qué se debe entonces el masculino empleado en los titulares?

Expertas y expertos en cuestiones lingüísticas justificarían este tratamiento de género recurriendo a la conocida explicación del término marcado y no marcado. El masculino, como término no marcado —afirmarían—, puede emplearse tanto para referirse a varones como a mujeres. En este caso, el uso del masculino —seguirían, tal vez, razonando— parece más apropiado al ser un género más aséptico e inclinar, de esta manera, a quienes lean la noticia a poner el acento en el aspecto étnico, que, al fin y al cabo, es lo que importa. Más aún, quizá nuestro uso tradicional del lenguaje nos induzca a pensar que la expresión "cinco turcas", en contextos como el aludido, esté rodeada de ciertas connotaciones despectivas. Sería, de acuerdo con ello, una razón más para emplear el masculino y no el femenino. En mi opinión, estamos ante un clarísimo ejemplo de uso sexista del lenguaje. En éste, como en otros muchos textos similares, se produce una ocultación-marginación de lo femenino. Las explicaciones supuestamente científicas no pasan de ser seudojustificaciones sin base real.— **Feliciano Martínez Redondo.** León.

Phrases:	*Persuading; Disapproving; Encouraging*
Grammar:	*Verbs: reflexives; Passive with* se; *Negation*
Vocabulary:	*Personality; Professions; Studies*

La princesa vestida con una bolsa de papel

Palabra por palabra / Mejor dicho

A. Complete las oraciones con una palabra del vocabulario.

1. "El gato con botas" es un célebre _____ .

2. Creemos que es una santa porque ha hecho y sigue haciendo _____ .

3. Siguieron el _____ del elefante y lo cazaron.

4. Natalia, ¿te gustan las películas de Disney? —_____ .

5. Mira, Sebastián, si te molesta mi _____ , no te acerques tanto a mí.

6. A mucha gente le _____ desayunar en la cama. ¿Y a ti?

7. La _____ de esta historia es aplicable a nuestra situación. ¿No crees?

B. Escoja el término correcto del español para expresar la palabra entre paréntesis.

1. En la boda el novio le dijo a la novia que en realidad no la _____ . *(loved)*

2. Hace años que nos _____ el pescado y los mariscos. *(love)*

3. Justino creía que yo lo _____ pero se equivocaba. *(desired)*

4. A Leticia _____ la manera como Gertrudis se reía. *(loved)*

5. ¿Por qué será que a todo el mundo _____ los viernes? *(love)*

6. Por culpa de sus padres, Adela no se casó con Octavio aunque lo _____ . *(loved)*

C. Escriba en el espacio en blanco **manera, modo, modales, de modo/manera que, de cualquier manera/modo,** según corresponda.

1. En mi opinión, ése no es _____ de educar a una hija.

2. Nos quejamos de sus malos _____ , pero no conseguimos nada.

3. Pon la tetera y las tazas en una bandeja, Amalia. De esa _____ te será más fácil servir el té.

4. _____ que no piensas decírmelo. ¡Muy bonito!

5. _____ , no deberían haberla expulsado del colegio por esa tontería.

6. Háblanos lentamente _____ te entendamos.

7. La contrataron en el Ritz por sus buenos _____ .

Repaso gramatical

A. **Las aventuras de Garbancito**. Primero, lea el párrafo completo para entender el argumento del cuento. Luego, llene el espacio en blanco con el tiempo verbal correspondiente del verbo indicado.

Como ese día su mamá __estaba__ (estar) muy ocupada, Garbancito __fue__ (ir) a hacer la compra. Por el camino, (él) __iba__ (ir) cantando la canción que sus padres le habían enseñado:

> Tachín, tachón, tachán,
>
> mucho cuidado con lo que hacéis;
>
> tachín, tachón, tachán,
>
> a Garbancito no lo piséis.° *do not step on him*

Cuando Garbancito __llegó__ (llegar) a la tienda, le __dijo__ (decir) al tendero que _____ (querer) un gramo de sal. Como Garbancito __era__ (ser) tan pequeño (del tamaño de un garbanzo), el tendero no lo __podía__ (poder) ver. Garbancito __volvió__ (volver) a pedir el gramo de sal y otra vez el tendero __miró__ (mirar) alrededor sin ver a nadie. Por fin, Garbancito le __gritó__ (gritar):

(subjunctive o indicative)

> Garbancito soy,
>
> debajo del mostrador estoy.

B. Escriba otra de las aventuras de Garbancito basándos en lo que muestra la ilustración siguiente.

_____

_____

_____

_____

_____

_____

_____

_____

_____

_____

_____

_____

_____

_____

_____

C. Primero, subraye los verbos en el poema siguiente escrito por el poeta nicaragüense Rubén Darío en 1908. Luego, explique el uso de dos verbos en pretérito, dos en imperfecto y dos en presente.

A Margarita Debayle

Margarita, está linda la mar,
y el viento
lleva esencia sutil de azahar:°   *orange blossom*
tu aliento.
Margarita, te voy a contar un cuento.

Este era un rey que tenía
un palacio de diamantes,
una tienda° hecha del día   *tent*
y un rebaño° de elefantes,   *herd*
un kiosko de malaquita,°   *malachite*[1]
un gran manto de tisú°   *cape of silk and gold*
y una gentil princesita,
tan bonita,
Margarita,
tan bonita como tú.

Una tarde la princesa
vio una estrella aparecer;
la princesa era traviesa°   *naughty*
y la quiso ir a coger.

La quería para hacerla
decorar un prededor,°   *brooch*
con un verso y una perla,
y una pluma° y una flor.   *feather*

Las princesas primorosas°   *hermosas*
se parecen mucho a ti:
cortan lirios,° cortan rosas,   *lilies*
cortan astros. Son así.

Pues se fue la niña bella,
bajo el cielo y sobre el mar,
a cortar la blanca estrella
que la hacía suspirar.°   *sigh*

Y siguió camino arriba,
por la luna y más allá;
mas lo malo era que ella iba
sin permiso de papá.

Cuando estuvo ya de vuelta
de los parques del Señor,°   *Lord's fields*
se miraba toda envuelta
en un dulce resplandor.°   *shining*

Y el rey dijo: "¿Qué te has hecho?
Te he buscado y no te hallé;
y ¿qué tienes en el pecho,
que encendido° se te ve?"   *bright*

La princesa no mentía.
Y así, dijo la verdad:
"Fui a cortar la estrella mía
a la azul inmensidad."°   *sky*

Y el rey clama: "No te he dicho
que el azul no hay que tocar?
¡Qué locura! ¡Qué capricho!
El Señor se va a enojar."

Y dice ella: "No hubo intento;°   *It was not premeditated*
yo me fui no sé por qué;
por las olas y en el viento
fui a la estrella y la corté."

Y el papá dice enojado:
"Un castigo has de tener:
vuelve al cielo y lo robado
vas ahora a devolver."

La princesa se entristece
por su dulce flor de luz,
cuando entonces aparece
sonriendo el Buen Jesús.

Y así dice: "En mis campiñas°   *fields*
esa rosa le ofrecí:
son mis flores de las niñas
que al soñar piensan en mí."

Viste el rey ropas brillantes
y luego hace desfilar°   *parade*
cuatrocientos elefantes
a la orilla de la mar.

La princesa está bella,
pues ya tiene el prendedor
en que lucen, con la estrella,
verso, perla, pluma y flor.

---

[1] mineral verde que se usa en objetos de lujo

_____

_____

_____

_____

_____

D. Resuma la última película que ha visto. Preste atención al uso del **pretérito** y del **imperfecto.**

_____

_____

_____

_____

_____

_____

_____

_____

_____

_____

_____

_____

_____

E. Reescriba las oraciones siguientes sustituyendo los sustantivos masculinos por sus correspondientes femeninos o viceversa. Haga todos los otros cambios necesarios. **¡Ojo!** No todos los sustantivos femeninos son irregulares.

1. El león es el rey de la selva.

   _____

2. Nuestros maridos iban montados en yeguas andaluzas.

   _____

3. Las mujeres visitaron a sus padres presos.

   _____

4. Ese actor inglés hizo el papel de un emperador francés.

   _____

5. Los machos de esta especie animal son peligrosísimos.

   _____

6. En los impresos en español la H significa hembra.

   _____

7. Nos mantenemos con la leche que producen las vacas.

   _____

F. En español existen sustantivos, en apariencia semejantes, cuyo significado es muy diferente en masculino y en femenino. Por ejemplo, "el grupo" significa *the group* y "la grupa" *the rump of a horse*. Dé el significado de los siguientes pares de palabras. Use el diccionario si es necesario.

1. el foco _____   la foca _____
2. el medio _____   la media _____
3. el derecho _____   la derecha _____
4. el cuento _____   la cuenta _____
5. el libro _____   la libra _____
6. el naranjo _____   la naranja _____
7. el plato _____   la plata _____
8. el modo _____   la moda _____
9. el ruedo _____   la rueda _____
10. el partido _____   la partida _____

G. Conteste las preguntas siguientes.

1. En los diccionarios de español la forma masculina aparece antes de la femenina. ¿Por qué es así si alfabéticamente la letra **a** va delante de la **o?**

    _____

    _____

2. ¿Cuántos hermanos varones tiene Ud.? ¿Y hermanas?

    _____

3. En español, la diferencia sexual entre los animales se expresa (a) con el género gramatical: el gato/la gata; (b) con palabras diferentes: el toro/la vaca y (c) añadiendo macho o hembra al sustantivo: el elefante macho/el elefante hembra. Dé dos ejemplos más de cada uno.

    a. _____   _____

    b. _____   _____

    c. _____   _____

4. ¿Cómo se dice *female* referido a personas? ¿Y a animales? ¿Es esto extraño? ¿Es igual en inglés?

    _____

5. Defina estos términos en español: padrastro *(stepfather),* madrastra, hijastro/a.

    _____

    _____

6. Consulte un diccionario de español o de inglés las palabras **hombre** y **mujer.** ¿Qué observa Ud.?

    _____

    _____

Unidad IV • Capítulo 10 • PRÁCTICA ESCRITA

Creación

Una vez agotado el repetorio de cuentos que saben, los padres y las madres terminan inventando historias cuyos protagonistas son sus propios hijos e hijas insomnes *(insomniac)*. Ahora haga Ud. lo mismo y escriba en una hoja aparte un cuento en el que intervengan sus compañeros/as de clase. Debe tener moraleja.

Al escribir, piense en el uso del pretérito y del imperfecto, así como de los sustantivos femeninos estudiados en el repaso gramatical.

Phrases:	*Asking for help; Describing the past; Sequencing events*
Grammar:	*Verbs: preterite & imperfect; Personal pronouns*
Vocabulary:	*Fairy tales & legends; University; Leisure*

Palabreo

Palabra por palabra / Mejor dicho

A. Escriba en el espacio en blanco la palabra que mejor corresponda.

1. Por favor, firme la _____ antes de entregarla.

2. Me miraba con tanta _____ que lo besé.

3. Mis empleados nunca están _____ cuando yo hablo.

4. De niños José Julio y Juan Manuel eran más _____ que de adultos.

5. La enfermera se encargó de _____me la crema aséptica.

6. Sus antepasados no eran _____ sino proletarios.

7. Sandra, ¿por qué no _____ una beca Fulbright para el próximo año?

8. Mis dos hermanos están discutiendo, pero no sé quién _____ .

B. Complete el cuadro siguiente con las palabras que faltan.

sustantivo	belleza	ternura				razón
adjetivo	bello/a		hermoso/a	burgués/a	atento/a	

C. Escriba en el espacio en blanco **cuestión** o **pregunta.** Decida si debe utilizar el singular o el plural.

1. Pero no nos vamos a enfadar por esta _____ , ¿verdad?

2. En el examen escrito me faltó por contestar dos _____ .

3. A Genoveva no le importa que le hagan _____ personales.

4. Es una _____ de principios.

5. Queremos llegar al fondo de la _____ .

Repaso gramatical

A. Llene el espacio en blanco con el pronombre correspondiente.

1. Arturo viajaba con un ordenador portátil, pero ya no _____ lleva.

2. Visitaremos a tus familiares y _____ entregaremos la carta y los regalos.

3. Aunque firmaron una tregua *(truce)*, no parece que _____ respetarán.

4. ¿La mala noticia? Ya _____ _____ hemos dado a todo el mundo.

5. ¿El coche, dices? No volveremos a prestar _____ _____ jamás en la vida.

6. Vicente, habla más alto. Es difícil oír _____ .

7. A Soledad y a Julia no _____ gusta el diseño moderno tanto como a vosotras.

8. ¿A sus nietos _____ van a ver antes de Navidad?

9. La bebida, ¿ _____ traes tú o quieres que _____ traiga yo?

10. A Emilio y a Mercedes nos _____ encontramos ayer en el supermercado.

B. Conteste las oraciones siguientes con pronombres de **objeto directo** o **indirecto** y subráyelos.

1. Y tú, ¿cuándo vas a venir a visitarme?

   _____

2. Oye, ¿de verdad que no me recuerdas?

   _____

3. ¿A qué no has llamado a tu agente de bolsa *(stockbroker)* recientemente?

   _____

4. Si vieras a alguien famoso en la calle, ¿qué le dirías?

   _____

5. ¿Dónde tienes guardadas las nuevas zapatillas de deporte?

   _____

6. ¿Le diste un buen regalo a Juan Felipe por su cumpleaños?

   _____

7. ¿Conoces bien a Pablo y a Nuria?

   _____

8. ¿No le gustaban a Rosana las romerías?

   _____

C. Traduzca las oraciones siguientes prestando atención a los pronombres de **objeto directo** e **indirecto.**

1. *I saw her, but she did not see me.*

   _____

2. *The job advertised in the paper? They should not apply for it.*

   _____

Unidad IV Hacia la igualdad entre los sexos

3. *I am very tired, Arantxa. Aren't you, too?*

_____

4. *Who told her to wait? I don't know; it was not me.*

_____

5. *Giovanna and Marcela, are you both Italian? —Yes, we are.*

_____

6. *We were waiting for you. (sing.)*

_____

7. *I knew they were not going to pay for it (meal).*

_____

8. *She likes it (swimming) and I do, too.*

_____

9. *Just give it (the check) to us. (sing.)*

_____

D. Lea con atención el siguiente poema de un escritor romántico español (Gustavo Adolfo Bécquer) y luego diga a qué puede referirse el pronombre **lo** que aparece en el primer verso. El poema no lo dice, por eso Ud. debe averiguarlo.

Cuando me **lo** contaron sentí el frío
de una hoja de acero en las entrañas°   *a cold sharp blade piercing my innermost being*
me apoyé contra un muro, y un instante
la conciencia perdí de dónde estaba.°   *I did not know where I was.*

Cayó sobre mi espíritu la noche;°   *Night fell on my spirit*
en ira y piedad se anegó el alma°...   *my soul drowned in rage and pity*
¡Y entonces comprendí por qué se llora,
y entonces comprendí por qué se mata!

Pasó la nube de dolor°... con pena   *the painful moment passed as a cloud*
logré balbucear° breves palabras...   *I managed to articulate*
¿Quién me dio la noticia? ... Un fiel° amigo   *loyal*
¡Me hacía un gran favor! ... Le di las gracias.

_____

_____

_____

_____

Capítulo 10 Lenguaje y comportamientos sexistas ╔╝ *Palabreo*

E. Primero, subraye los pronombres de **objeto directo, indirecto** o **complemento (atributo)** en las citas siguientes y diga a qué sustantivo o frase sustituyen. Luego, comente el contenido de **una** de las citas.

1. "Una obra de arte es como una mujer bella: cuando la ves deseas poseerla. Y te casas, o la compras." (El barón Thyssen-Bornemisza, fundador del museo del mismo nombre en Madrid)

   _____

2. "Si la mujer influye en la vida del ciclista, lo hace para mal." (Abraham Olano, ciclista)

   _____

3. "No se nace mujer; llega una a serlo." (Simone de Beauvoir, teórica feminista)

   _____

Comentario:

_____

_____

_____

_____

Creación

En una hoja aparte, narre la historia de un amor a primera vista (*at first sight*) o la de un amor no correspondido. Al escribirla, preste atención al uso de los pronombres de **objeto directo** e **indirecto.**

Phrases:	*Describing people; Self-reproach; Talking about daily routines*	
Grammar:	*Verbs:* conocer & saber; *Personal pronouns: indirect/direct; Prepositions:* a *personal*	
Vocabulary:	*Hair; Beach; Postures*	

UNIDAD IV HACIA LA IGUALDAD ENTRE LOS SEXOS

Mujeres memorables

Eva

REPASO GRAMATICAL
página 67

▶ Palabra por palabra / Mejor dicho

A. Escriba cinco oraciones con los siguientes pares de palabras. Las dos palabras del par deben aparecer en la misma oración.

nacer / aliviado/a
portarse mal / por culpa de
costilla / tener ganas de
hacer caso / llevarse bien
educar / encargarse de

1. _____
2. _____
3. _____
4. _____
5. _____

B. Elija una de las palabras entre paréntesis para completar la oración correctamente.

1. Decidieron (criarlos / educarlos) en un ambiente saludable y los llevaron a un pueblo pequeño.

2. Mi abuela y yo (cultivábamos / crecíamos) rosas en el jardín.

3. Mariana es así porque la (criaron / educaron) las monjas.

4. Mi sobrino ha (crecido / cultivado) tres centímetros este mes.

5. Han (criado / creado) un producto revolucionario.

6. Nos (educaron / criaron) con una disciplina espartana.

Unidad IV • Capítulo 11 • PRACTICA ESCRITA

C. Deduzca el significado de las siguientes palabras. Si tiene dudas, búsquelas en un diccionario.

1. a. un/a educador/a _____

   b. Ministerio de Educación _____

   c. educativo/a _____

   d. educado/a _____

2. a. la crianza _____

   b. bien o mal criado _____

   c. un/a crío/a _____

   d. una criatura _____

3. a. el crecimiento _____

   b. creciente _____

   c. con creces _____

   d. un crecepelo _____

4. a. el/la cultivador/a _____

   b. el cultivo de (la uva, etc.) _____

   c. cultivable _____

   d. culto/a _____

Repaso gramatical

A. Subraye la forma entre paréntesis que complete la oración correctamente.

1. En la fiesta (que / la que / la cual) dio el presidente hubo doscientos invitados.

2. Hay muchas trampas contra (que / las cuales / la que) hay que estar alertas.

3. Los jefes, (que / los que / cuyos) regalos eran muy generosos, nos halagaban continuamente.

4. La secretaria, (quien / cuya / lo que) es mucho más joven que las otras, es también muy inocente.

5. En el metro, hombres a (quienes / las cuales / que) no conocía, me cedían el asiento.

6. Las rosas, (las que / que / cuyas) hojas estaban ya marchitas, fueron al cesto de la basura.

7. ¿De (quién / cuyos / los cuales) son estos informes?

8. Irene renunció a una carrera brillante, (la cual / lo cual / el cual) no me lo explico.

B. Combine estas oraciones usando el relativo más conveniente.

Ejemplo: La casa de mi padre está al lado de un lago. La casa parece un castillo.
La casa de mi padre, la cual parece un castillo, está al lado de un lago.

1. Contrataron al candidato. El candidato tenía excelentes referencias.

   _____

2. Las jugadoras no toleran a ese entrenador. Los comentarios de ese entrenador son sexistas.

   _____

3. Juan Alberto siempre nos critica todo lo que hacemos. Eso me molesta mucho.

   _____

4. Mi hermana me llamó. Esta hermana acaba de tener una niña. (Cuidado: tengo otras hermanas.)

   _____

5. Sofía y Carmen salieron juntas. Ellas se conocieron hace dos días.

   _____

C. Se han presentado dos candidatas para el puesto que su compañía ha anunciado en el periódico. A continuación tiene algunas de sus cualidades. Evalúelas utilizando algunos de los relativos. Escriba cinco oraciones.

	CANDIDATA I	**CANDIDATA 2**
Estudios:	escuela secundaria 1995	Negocios, universidad 1985
Experiencia:	dos años con IBM	15 años con ITT
Lenguas:	francés y español	ruso y alemán
Habilidades:	sabe navegar por Internet	sabe programación
Premios:	Medalla de oro en natación, Juegos Olímpicos 1996	Secretaria del Año 1993–97

Ejemplo: *Me parece que la candidata que tiene menos experiencia es además demasiado joven.*

1. _____

2. _____

3. _____

4. _____

5. _____

D. Primero, observe la longitud de la oración siguiente. Luego, subraye todos los pronombres relativos. ¿Qué relación hay entre una cosa y otra, es decir, entre la longitud de una oración y las cláusulas de relativo?

> Se trata del proceso que se ha llamado de *liberación de la mujer*, iniciado a partir de 1964 en todo el mundo capitalista desarrollado y consistente tanto en la paulatina disminución del compromiso familiar femenino, por el que antes las mujeres aceptaban concentrar sus esfuerzos en sus hogares, como en el progresivo incremento de su compromiso profesional, por el que hoy las mujeres pasan a concentrar sus esfuerzos prioritarios en el desempeño de alguna profesión que les confiera plena independencia económica. *(El País,* 13 de junio de 1993)

_____

_____

_____

_____

E. Escriba cuatro oraciones que contengan cláusulas de relativos (restrictivas y no restrictivas) para hablar de sus compañeros de clases, amigos, etc. Subraye el pronombre relativo.

Ejemplo: *Mari Pili, a <u>quien</u> ya había visto en otras de mis clases, me parece simpatiquísima.*

1. _____

2. _____

3. _____

4. _____

Creación

En una hoja aparte, resuma un mito de la creación de los seres humanos que Ud. conozca y si no conoce ninguno, busque esta información en Internet. (Por ejemplo, según Darwin, la cultura azteca, maya...)

Phrases:	*Expressing time relationships; Expressing location; Talking about past events*
Grammar:	*Relatives; Passive with* se; *Adverbs*
Vocabulary:	*Religions; Numbers; Animals*

REPASO
GRAMATICAL
página 72

La Malinche

Palabra por palabra / Mejor dicho

A. Primero, subraye las palabras que pertenecen al vocabulario y luego complete las oraciones de forma original.

1. Se apoderarán de _____ y no tendremos más remedio que

   _____ .

2. Hubo _____ pero todos salimos ilesos. ¡Qué _____ !

3. _____ nos han traicionado _____ .

4. ¿Cómo _____ se mantendrán si no _____ ?

5. La fecha de _____ es _____ .

6. Cuando alguien sufre privaciones de niño/a, luego _____ .

7. El auge de la cultura española _____ .

8. ¿Dónde conseguirán las armas _____ ?

9. No pienso apoyarte en _____ .

10. En la escuela secundaria yo no aguantaba que _____ .

11. Es un hecho _____ .

12. Un ejemplo de represalia es _____ .

B. Traduzca al español las palabras entre paréntesis.

1. ¡Cuidado! Esta mesa no puede _____ mucho peso. *(support)*

2. Esos adolescentes _____ a su familia con su trabajo. *(support)*

3. ¿ _____ vosotros a los políticos de derecha o de izquierda? *(do you support)*

4. Cirilo no _____ que lo llamen mentiroso. *(stand)*

5. No sabemos a quién vamos a _____ en la próxima campaña electoral.
   (to support)

C. Escriba un párrafo que contenga palabras de estas secciones. Haga que parezca una noticia para leer por la radio.

_____

_____

_____

_____

_____

_____

Repaso gramatical

A. Complete las oraciones siguientes. Preste atención al tiempo y modo verbal.

1. Habrían tenido miedo, si _____.

2. Te habrías reído tanto como yo si _____.

3. Habríamos roto el cristal de emergencia si _____.

4. Habría más autobuses públicos si _____.

5. Habríais traído un reloj despertador si _____.

B. Conteste las preguntas con oraciones completas. Preste atención a las formas y los tiempos verbales.

1. Si no estuvieras haciendo este ejercicio, ¿qué estarías haciendo ahora?

   _____

2. Si no bebieras Coca-Cola, ¿qué beberías?

   _____

3. Si no estudiaras en esta universidad, ¿en qué otra universidad estudiarías?

   _____

4. Si pudieras vivir en un país hispanohablante, ¿en cuál vivirías?

   _____

5. Si te permitieran cambiar algo de tu apartamento, ¿qué cambiarías?

   _____

C. Imagina lo que le dirías a un/a compañero/a de cuarto que no es muy ordenado. Escribe cinco **oraciones condicionales con subjuntivo.**

   Ejemplo: *¡Si no lo dejaras todo tirado por el suelo, nuestro apartamento no parecería una pocilga (pigsty)!*

1. _____
2. _____
3. _____
4. _____
5. _____

D. Escribe cinco **oraciones condicionales** para hablar de tus costumbres, tu vida o tus ideas.

   Ejemplo: *Si a mí no me gustara vivir en la ciudad, me mudaría al campo.*

1. _____
2. _____
3. _____
4. _____
5. _____

E. Complete las oraciones siguientes y luego tradúzcalas.

1. Este queso huele como si _____ .

   _____

2. _____ como si no se hubiera acostado.

   _____

3. _____ como si a mí no me importara.

   _____

4. Monserrat conduce como si _____ .

   _____

5. _____ como si lo hubieran hecho ellas.

   _____

6. Mi amiga Estrella viste como si _____ .

   _____

F. Traduzca las oraciones siguientes e indique si son oraciones **reflexivas** o **recíprocas.**

1. Esa compañera de la escuela secundaria y yo no nos hablamos.

   _____

2. Se fueron y no se despidieron de nadie.

   _____

3. ¡Qué coincidencia! Mi hermana y yo nos casaremos el próximo verano.

   _____

4. Los buenos amigos nunca se traicionarán.

   _____

5. Pero ¿por qué no os lleváis bien?

   _____

G. Complete estas oraciones con la expresión **el uno al otro** o una de sus variantes. Preste atención a la preposición que debe usar entre **uno** y **otro.**

1. Los políticos liberales y los conservadores no confían _____ .

2. Las madres y las hijas se necesitan _____ .

3. Esa senadora y su esposo se preocupan mucho _____ .

4. Con las nuevas formas de hablar los hombres y las mujeres demostrarán más respeto _____ .

5. Elena, tú y Sandra os quejáis _____ constantemente.

6. El candidato ganador y el derrotado se felicitaron _____ .

H. Usando **oraciones recíprocas,** mencione seis acciones que, según el protocolo, una figura política y su esposo/a (no) pueden o deben hacer en público.

    Ejemplo: *No deben insultarse delante de las cámaras de televisión.*
                        Deberían mostrarse cariñosos el uno con la otra.

1. _____

2. _____

3. _____

4. _____

5. _____

6. _____

 Creación

En una hoja aparte, escriba el diálogo de una entrevista imaginaria a alguien importante. Indique quién es esa persona. Utilice oraciones condicionales en varias de las preguntas.

    Ejemplo: *—Kim Basinger, si Ud. no hubiera recibido el Oscar, ¿qué habría hecho?*
                        —Me habría puesto a llorar, si no lo hubiera recibido, pues creo que me lo merecía.

Phrases:	*Welcoming; Expressing conditions; Offering*
Grammar:	*If clauses; Verbs: subjunctive with* como si; *Verbs: conditionals*
Vocabulary:	*Profession; Upbringing; Dreams & aspirations*

El arte de Remedios Varo

Palabra por palabra / Mejor dicho

A. Explique en español la diferencia entre estos pares o tríos de palabras. Use un diccionario español-español si lo necesita.

1. autorretrato—retrato _____

_____

2. patrocinar—subvencionar _____

_____

3. cuadro—marco _____

_____

4. exposición—exhibición _____

_____

5. pincelada—pincel _____

_____

6. herencia—heredar— heredero/a _____

_____

7. pintora—pintura _____

_____

8. lienzo—obra _____

_____

B. Llene el espacio en blanco con el verbo y el tiempo más adecuado. Preste atención al sujeto de la oración.

me niego a	rechazar	no quise
se negará a	rechazan	no quisieron
te negaste a	he rechazado	no quisiste
se niegan a		

1. _____ encender el aire acondicionado cuando hace 20 grados.

2. ¿Sabías que en algunos bares _____ las propinas *(tips)?*

3. Melquíades, _____ alquilar un coche en el aeropuerto. ¿Por qué?

4. No entiendo por qué Sonia Flores _____ cantar en público.

5. ¿Ya no te acuerdas? Ayer _____ ir a la exposición conmigo.

6. No voy a _____ su proposición, sino que la aceptaré.

7. Generalmente mis hijas _____ hablar en inglés conmigo.

8. Aunque Cecilia y Patrocinio _____ ayudarnos, otros muchos sí lo hicieron.

Repaso gramatical

A. Primero, prestando atención a la concordancia y significado de las palabras, combine los sustantivos de la primera columna con los adjetivos de la segunda. Luego, escriba cinco oraciones teniendo en cuenta la posición de los adjetivos.

a. escritora

b. chistes

c. muchacho

d. sociedad

e. carácter

f. cultura

g. autores

1. _____ competitivo / nuestro

2. _____ japonés / adolescente

3. _____ latinoamericanos / contemporáneos

4. _____ verdes / muchos

5. _____ sexista / clasista

6. _____ occidental / actual

7. _____ feminista / mexicana

1. _____

2. _____

3. _____

4. _____

5. _____

B. Subraye todos los adjetivos que contiene el párrafo siguiente y luego explique por qué se han usado en esa posición u orden.

El té verde chino contiene cierta sustancia que puede prevenir el cáncer o reducir el tamaño de los tumores cancerosos, según un estudio que publica el último número de la revista científica *Nature*. El trabajo parece confirmar los estudios estadísticos efectuados con anterioridad, que parecían indicar que ese té puede ayudar a prevenir el cáncer. El estudio muestra la presencia en el té verde de un producto químico que inhibe una enzima relacionada con el cáncer. (*La Tribuna de Salamanca*, 5 de junio de 1997)

_____

_____

_____

_____

_____

_____

Unidad IV Hacia la igualdad entre los sexos

C. El párrafo siguiente es una descripción del famoso cuadro de Salvador Dalí que reproducimos aquí. Seleccione uno de los adjetivos de la lista siguiente y escríbalo en el espacio correspondiente. Preste atención a la concordancia y al tipo de adjetivo. (Y, por supuesto, al cuadro.)

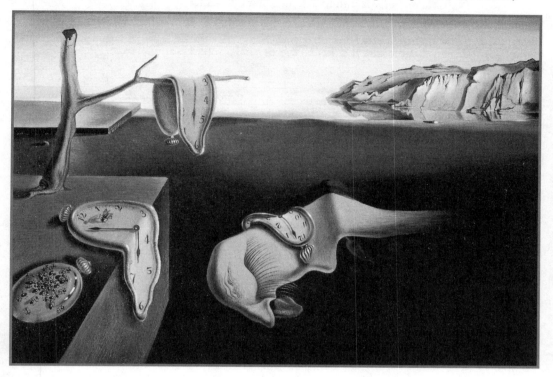

Salvador Dalí,
La persistencia del recuerdo

relativo	pálida	largo	azul	personal
mecánico	detallista	ceñido	alargada	desnudo
clara	elástico	primer	tercer	derretido

"*La persistencia del recuerdo* nos muestra la técnica _____ y la claridad de

líneas de Salvador Dalí. Se trata de un paisaje de Cadaqués bañado en una luz _____

y _____ . La playa está ocupada por lo que parecen ser dos grandes

edificios sin ventanas, uno de los cuales tiene un techo _____ . En el

centro, en el _____ plano, una caracola de mar *(conch shell),* _____ ,

se convierte en una mujer que adopta las características de un caballo, puesto que el objeto

_____ , el reloj, pasa a ser una silla de montar. Mirando con detenimiento

el árbol _____ , vemos a una mujer con un vestido

_____ y _____ que muestra en su brazo-rama otro reloj

_____ . Un _____ reloj cuelga de la construcción; junto a

él, otro está cubierto por un enjambre de hormigas. Nos damos cuenta de que el tiempo es

_____ y _____ , y de que presenciamos un sueño

_____ del pintor, un sueño que no acabamos de comprender porque no

podemos penetrar en el subconsciente de su mente." *(Cien obras maestras de la pintura,*

Barcelona: Shorewood Publishers/Círculo de Lectores, 1965, p. 212)

Unidad IV • Capítulo 11 • PRACTICA ESCRITA

D. Reescriba las oraciones siguientes en la forma progresiva con los verbos **estar, continuar, seguir, andar, ir.** Preste atención al tiempo y al modo de los verbos.

1. Uds. *se pelearon* muchos años secretamente.

   _____

2. Es posible que los dos *hayan pensado* separarse.

   _____

3. Otros aseguran que Javier *hacía* política constantemente y no vida familiar.

   _____

4. El partido *busca* un buen candidato para presidente.

   _____

5. Los hombres *se habrán quejado* de la influencia de María Rosa.

   _____

6. Algunos se preguntarían por qué *habríamos vivido* tantos años en esas condiciones.

   _____

◤ Creación

Ud. trabaja en una agencia de publicidad y tiene que persuadir a sus clientes para que pasen sus vacaciones en unas islas del Caribe. Utilice todos los adjetivos que pueda en la descripción del lugar y sus atracciones. Escriba la descripción en una hoja aparte.

Ejemplo: *Disfrute de sus playas paradisíacas y desiertas.*

 Phrases: *Planning a vacation; Encouraging; Describing weather*
Grammar: *Adjective agreement; Adjective position; Comparisons: adjectives*
Vocabulary: *Food; Animals: birds, fish; Plants: flowers*

UNIDAD IV HACIA LA IGUALDAD ENTRE LOS SEXOS

Decisiones

REPASO GRAMATICAL
página 77

La vuelta a casa

Palabra por palabra / Mejor dicho

A. Escriba una oración original con cada una de las palabras siguientes.

1. el fracaso _____

2. orgulloso/a _____

3. la guerra _____

4. el ama de casa _____

5. la visión _____

6. decepcionar _____

7. segura de sí misma _____

8. enfrentarse con _____

9. por nuestra cuenta _____

B. Subraye la palabra que mejor complete la oración.

1. No (nos parece a / nos parece / aparece) bien irnos sin avisar a los dueños.

2. La doctora (parece / se parece a / aparece) enojada. ¿No crees?

3. No (parecía / se parecía / aparecía) posible que fuera a nevar.

4. José María (parece / aparece / se parece a) por aquí cuando quiere.

5. ¡Vaya! ¡Por fin (te pareces a / pareces / apareces)! Estábamos realmente preocupados.

6. Mi hermana y yo (nos parecemos / aparecemos) mucho.

7. ¿(Les parece / Se parece a / Aparece) aceptable nuestra oferta?

8. ¿Qué (le pareció / se pareció a / apareció) el documental?

C. Escriba en el espacio en blanco **retirar, retirarse** o **jubilarse.** En algunos casos, deberá conjugar los verbos.

1. En los restaurantes caros el camarero _____ la silla para que nos sentemos.

2. Desde que _____ , mis tías están contentísimas.

3. Para escapar del ruido nosotros _____ a un lugar deshabitado.

4. ¿Cuánto dinero desea _____ de su cuenta de ahorros?

5. El tigre estuvo acechando *(lying in wait)* a la presa *(prey),* pero luego _____ .

Repaso gramatical

A. Escriba los diez mandatos más frecuentes que escuchó Ud. durante la infancia *(childhood).* Emplee la segunda persona de los **mandatos afirmativos** y **negativos.**

Ejemplo: *Pepito, no corras que te vas a caer.*
            Pepita, vete a tu cuarto ahora mismo.

1. _____

2. _____

3. _____

4. _____

5. _____

6. _____

7. _____

8. _____

9. _____

10. _____

B. Escriba un folleto *(brochure)* informativo para la gente que va a ir de vacaciones el próximo verano. Utilice los **mandatos afirmativos** y **negativos** de Ud., Uds. al dar sus consejos.

Ejemplo: *Protéjase los ojos usando gafas de sol.*
            No permita que los niños permanezcan mucho tiempo al sol.

1. _____

2. _____

3. _____

4. _____

5. _____

C. En inglés los mandatos son iguales para todas las personas gramaticales mientras que en español hay varias posibilidades. Esto plantea un problema a la hora de traducir una oración del inglés al español. *Drink Coke* se puede traducir como **bebe, beba, beban, bebed.** Si Ud. tuviera que crear un anuncio en español para promocionar algo en la televisión o en una revista, ¿qué persona gramatical utilizaría? Dé tres ejemplos y explique su respuesta.

_____

_____

_____

_____

D. Busque **los mandatos** en las instrucciones siguientes para prevenir las caries y escríbalos en el espacio en blanco. También escriba el verbo en infinitivo que corresponde al mandato.

Ejemplo: *No olvide la limpieza dental profesional.*
no olvide (Ud.), olvidar

Evite alimentos que tengan mucha azúcar. Coma frutas y vegetales con un alto contenido en fibra. No coma inmediatamente antes de acostarse ya que se produce menos saliva mientras dormimos. Cepíllese los dientes y use el hilo dental diariamente. Use enjuagues con flúor o acuda a su dentista para que le den tratamiento con flúor. *(Más,* primavera 1990, pág. 36)

_____

_____

_____

_____

_____

_____

E. Llene el espacio en blanco con la forma correcta del verbo en paréntesis. Preste atención al verbo **hacer** en las expresiones temporales.

1. Las mujeres _____ por sus derechos desde hace mucho tiempo. (luchar)

2. Hace más de un siglo que _____ la esclavitud en Estados Unidos. (abolir)

3. Hacía un rato que Manuel _____ con María de los Angeles cuando ella lo rechazó. (coquetear)

4. Vosotros _____ de entender a las mujeres liberadas desde hace muchos meses. (tratar)

5. Hace tres años que Adrián y Eva _____ . (divorciarse)

F. Escoja entre las expresiones comunes con **hacer** la que convenga para llenar los espacios.

1. Antes de _____ llamaré a un compañero de clase y

_____ sobre los ejercicios.

2. Verónica está ocupadísima. Va a _____ a Quito mañana y

tiene que _____ todavía.

Unidad IV • Capítulo 12 • PRACTICA ESCRITA

3. Sebastiana se _____ en el accidente y ahora no puede levantarse.

4. En mi casa todos somos responsables de _____ y de

    _____ .

5. ¿Has leído la obra de teatro de Jorge Díaz, *El cepillo de dientes?* ¿Te interesaría

    _____ de la esposa?

G. Explique cómo haría Ud. las siguientes actividades.

1. las maletas para un viaje alrededor del mundo

    _____

2. la tarea para una clase que no le gusta

    _____

3. una comida exquisita para impresionar a alguien

    _____

H. Después de salir varias semanas con un/a chico/a, Ud. se dio cuenta de que no estaban hechos el uno para la otra: no tenían el mismo sentido del humor. Escriba cuatro oraciones contrastando lo que les hacía gracia y lo que no.

Ejemplo: *A ella le hacían gracia los chistes de Paul Rodríguez y a mí no.*

_____

_____

_____

_____

_____

Creación

En una hoja aparte, comente (a) la situación actual de la mujer en el ejército de su país, (b) la participación femenina en alguna guerra o (c) el papel destacado de alguna figura femenina durante un período de guerra o inestabilidad política. (Por ejemplo: Juana de Arco, Agustina de Aragón, Florence Nightingale, Harriet Tubman,...)

Phrases:	*Writing a news item; Weighing alternatives; Hypothesizing*
Grammar:	*Prepositions:* por & para; *Prepositions:* a; *Verbs: preterite & imperfect*
Vocabulary:	*Work conditions; House; Numbers*

La brecha

Palabra por palabra / Mejor dicho

A. Llene el espacio en blanco con una palabra de esta sección.

1. ¡Qué raro! Durante el _____ , el marido no se desmayó.

2. Como dice el refrán, _____ prevenir _____ curar.

3. ¡Qué suerte tengo! Mi esposa le cambia los _____ al niño tantas veces como yo.

4. Sabíamos que estaba embarazada, pero no cuándo iba a _____ .

5. ¿Ves este traje de novia? Pues, _____ me gustaría que fuera el mío.

6. Los recién casados se fueron de _____ a Acapulco.

7. No sé cómo vamos a _____ para dar de comer a tantos niños.

8. Los fumadores corren muchos _____ .

9. Después de _____ la primera vez, es natural no querer tener más hijos.

10. Nos avisaron que estabas de _____ .

B. Subraye la palabra del vocabulario que mejor complete la oración.

1. Se cayó y se sintió (embarazada / avergonzada / vergonzosa).

2. El uso de anticonceptivos evita que las mujeres se queden (avergonzadas / embarazadas).

3. Tú te pondrías roja también en una situación tan (embarazada / embarazosa / avergonzada).

4. ¿No te parece (vergonzoso / embarazoso) que malgasten el dinero de esa manera?

5. Algunas escenas de la película me parecieron (vergonzosas / embarazosas / embarazadas).

C. La llamada. Llene el espacio en blanco con **entonces, luego** o **después.**

Estaba cocinando y _____ sonó el teléfono. Iba a descolgarlo pero

_____ me di cuenta de que la comida ya estaba lista.

_____ conecté el contestador automático y fui a sacar el pescado del

horno. _____ oí que era mi agente quien me llamaba desde Los Angeles.

Dudé un momento pero decidí no contestar el teléfono. Nos comimos el pescado y

_____ llamé a mi agente.

Repaso gramatical

A. Complete las oraciones de modo original. Observe que el sujeto es un infinitivo.

    Ejemplo: Ser el/la menor de la familia es ____*fabuloso*____ porque ___*recibes toda la atención*___ .

1. Casarse muy joven es _____ porque _____
_____ .

2. Gastar mucho dinero en una boda me parece _____ porque _____
_____ .

3. Ir a Kenia de luna de miel será _____ porque _____
_____ .

4. Tener más de cinco hijos resultaría _____ porque _____
_____ .

5. Cambiar los pañales a menudo es _____ porque _____
_____ .

B. Complete las oraciones con un infinitivo (y otras palabras).

    Ejemplo: _____*Encontrar al hombre de tus sueños*_____ no es fácil.

1. _____ resulta inaceptable para mis padres.

2. _____ es necesario para los jóvenes de hoy.

3. _____ es importante para las mujeres contemporáneas.

4. _____ debe ser estupendo.

5. _____ no me gusta.

C. Usando la forma progresiva, hable detalladamente del día o momento en que Ud. nació. Imagíneselo. Recuerde que no todas las acciones se pueden expresar en forma progresiva.

    Ejemplo: *Ese día estaba lloviendo.*
                Mi padre estaba examinando a un paciente.

_____

_____

_____

_____

_____

_____

_____

D. Explique el uso de los infinitivos en el poema siguiente de Rubén Darío.

> Juventud, divino tesoro,
>
> ¡ya te vas para no volver!,
>
> cuando quiero llorar no lloro
>
> y a veces lloro sin querer.

1. _____

2. _____

3. _____

E. Usando el gerundio, explique cómo hace Ud. las siguientes acciones.

Ejemplo: despertarse
   Me despierto cantando.

1. salir de clase   _____

2. entrar al mar   _____

3. ir al dentista   _____

4. ver una película de terror   _____

5. despedirse de alguien   _____

6. adelgazar *(to lose weight)*   _____

7. bañarse con agua fría   _____

8. recibir las notas   _____

F. Exprese en español lo que muestran las fotografías siguientes. Note la diferencia entre las acciones y los estados. Traduzca las oraciones al inglés.

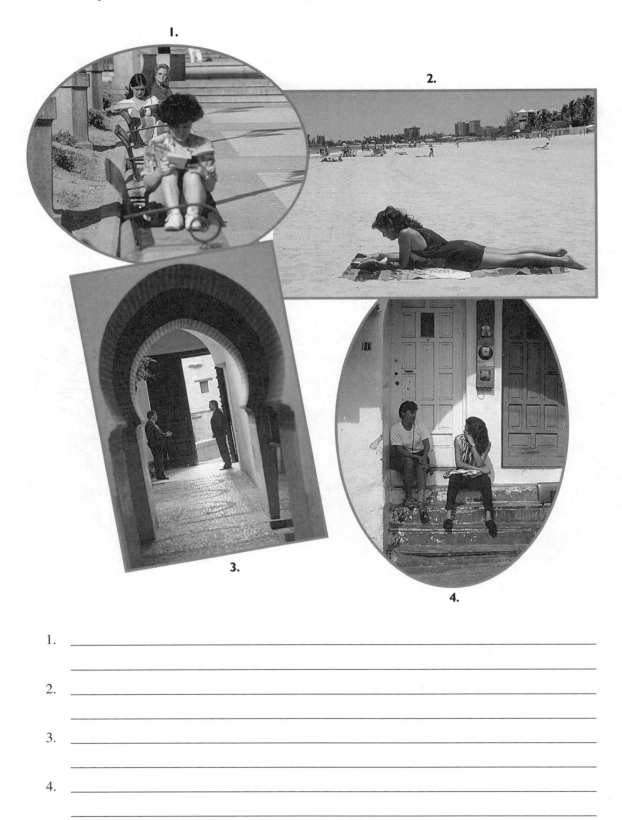

1.

2.

3.

4.

1. _____

   _____

2. _____

   _____

3. _____

   _____

4. _____

   _____

G. Busque en un diccionario las palabras siguientes. ¿Cómo se traducirán al español como gerundios, adjetivos o cláusulas de relativo?

	GERUNDIO	ADJETIVO	CLÁUSULA DE RELATIVO
Ejemplo: *smiling*	*sonriendo*	*sonriente*	*que sonríe*
1. *demanding*			
2. *pleasing*			
3. *smoking*			
4. *revealing*			
5. *loving*			
6. *irritating*			
7. *embarrassing*			
8. *increasing*			

Unidad IV • Capítulo 12 • PRÁCTICA ESCRITA

Capítulo 12 Decisiones 🔁 *La brecha*

Creación

En una hoja aparte, comente alguna noticia de actualidad relacionada con el tema de la maternidad, la planificación familiar, los métodos anticonceptivos, etc.

Phrases:	*Expressing an opinion; Expressing indecision; Disapproving*
Grammar:	*Verbs: infinitive & gerund; Verbs: transitive & intransitive; Subjunctive with* ojalá
Vocabulary:	*Media: newsprint; Medicine; Countries*

Medidas contra el aborto

Palabra por palabra / Mejor dicho

A. Relacione las palabras que aparecen a continuación con una del vocabulario.

1. proposición _____
2. injusticia _____
3. oponerse _____
4. robar _____
5. infeliz _____
6. imaginarse _____

7. por otro lado _____
8. náuseas _____
9. delito _____
10. meter _____
11. liberado/a _____
12. desvestirse _____

B. Elimine la palabra que no corresponda a la lista horizontal. Busque las palabras que no conozca en un buen diccionario.

1. molestar	importunar	encantar	fastidiar	incomodar
2. respetar	abusar	forzar	violar	aprovecharse
3. maltratar	hacer daño	brutalizar	parir	golpear
4. acosar	intimidar	perseguir	defender	presionar

C. Escriba un párrafo que contenga cinco de las palabras del vocabulario y que se refiera a la foto siguiente.

_____
_____
_____
_____
_____
_____

Repaso gramatical

A. Llene los espacios en blanco con la preposición **por** o **para.**

1. Yo sufrí mucho _____ ser anticuada.

2. _____ triunfar hay que ser o muy anticuada o muy moderna.

3. Soy como soy _____ mis padres.

4. ¿Va uno al infierno _____ ver películas pornográficas?

5. _____ nuevos ricos, ellos son bastante refinados.

6. El matrimonio ya no es _____ siempre.

7. En la universidad es difícil encontrar estacionamiento _____ el coche.

8. El servicio doméstico es necesario _____ las mujeres que trabajan.

9. Lucía cambió su coche _____ un modelo más nuevo.

10. Estoy cocinando una paella _____ la cena de esta noche.

11. María Elena vivía _____ entonces en la calle Recoletos.

12. _____ mí que las echaron de la casa _____ no pagar la renta.

13. Una tarde me los encontré _____ el centro y me dijeron que estaban

    _____ mudarse muy pronto.

14. Se negó a viajar en barco _____ la misma razón que yo.

B. Explique por qué se ha usado **por** o **para** en el párrafo siguiente.

Por eso, en aquella época se consideraba normal que las mujeres no trabajasen más que por causa excepcional. Las chicas de entonces se desmayaban a menudo, lo que reforzaba la idea de su inadecuación para todo trabajo. Pero hoy, en cambio, esta situación se ha invertido por completo. Tanto es así que lo que preocupa es cuántos nuevos puestos de trabajo habrán de crearse para poder satisfacer la insaciable demanda femenina de empleo. (*El País semanal*, 13 de junio, 1993, pág. 18)

1. _____

2. _____

3. _____

4. _____

5. _____

C. Escriba cinco oraciones con **por** y cinco con **para** y luego tradúzcalas al inglés. O bien busque las oraciones en un periódico en español y explique la razón de su uso.

1. _____
_____

2. _____
_____

3. _____
_____

4. _____
_____

5. _____
_____

6. _____
_____

7. _____
_____

8. _____
_____

9. _____
_____

10. _____
_____

D. Escoja la forma del verbo que mejor complete las siguientes frases. Explique por qué ha escogido esa forma y tiempo.

1. Acción Familiar quiere que los abortos _____ prohibidos legalmente.

   a. fueran   b. serían   c. sean   d. serán

   _____

2. Hacía dos años que _____ por esa causa cuando la oposición ganó.

   a. ha trabajado   b. trabajaba   c. trabajaría   d. trabajara

   _____

3. Si descubren al padre, lo _____ responsable.

   a. harán   b. hayan hecho   c. harían   d. habrán hecho

   _____

4. Ellos _____ al bebé cuando nació.

   a. adoptaran   b. adoptarán   c. adopten   d. adoptaron

   _____

5. El portavoz había sugerido que las madres solteras _____ a luz en sitios lejos de su lugar de residencia.

   a. dieron   b. diesen   c. hubieran dado   d. habían dado

   _____

6. Muchas mujeres no _____ tener hijos aunque estuvieran bien casadas.

   a. quieren   b. querrán   c. querrían   d. quisieron

   _____

7. Ella ha sufrido un gran trauma con el aborto pero se _____ .

   a. recuperaba   b. recuperará   c. habrá recuperado d. recuperaría

   _____

8. No es justo que las mujeres tengan que ocultarse para dar a luz, ni que sus hijos

   _____ en hospicios.

   a. acabaran   b. acabaron   c. acaben   d. acababan

   _____

9. ¿Qué preferiría un bebé no querido, _____ o no?

   a. nacer   b. nacería   c. nacía   d. naciera

   _____

10. Si la gente de Acción Familiar hubiera sido menos radical, _____ mayor apoyo.

    a. tendría   b. tuviera   c. tiene   d. habría tenido

    _____

E. Busque en un periódico en español cinco oraciones distintas y explique la correspondencia temporal. Las oraciones deben tener dos cláusulas.

_____

_____

_____

_____

_____

_____

_____

_____

_____

_____

F. Comente los gráficos siguientes con oraciones que contengan dos cláusulas.

MUJERES EMPAREJADAS(1) QUE UTILIZAN ALGUN METODO ANTICONCEPTIVO, POR EDAD, LUGAR DE RESIDENCIA Y NIVEL DE ESCOLARIDAD, EN PAISES SELECCIONADOS

(Porcentajes)

| País | Año | Mujeres de 15 a 19 años | Mujeres de 15 a 49 años | | | | | | | |
| | | | Total | Residencia | | Nivel de escolaridad(2) | | | | |
				Urbana	Rural	1	2	3	4	5
BOLIVIA	1989	16,0	30,3	39,1	19,4	11,5	24,8	38,4	52,8	—
BRASIL (NORDESTE)	1991	41,3	59,2	65,6	49,1	44,3	55,0	62,6	67,8	77,2
COLOMBIA	1990	36,9	66,1	69,1	59,1	52,6	63,3	69,4	76,8	—
ECUADOR	1987	15,3	44,3	53,3	32,7	18,5	41,0		56,6	—
EL SALVADOR(3)	1985	21,7	44,5	58,7	30,1	35,7	40,7	52,0	45,4	56,2
GUATEMALA	1987	5,4	23,2	43,0	13,8	9,8	24,3	47,4	60,0	—
MEXICO	1987	52,7	52,7	32,5	59,2	23,7	44,8	62,0	69,9	—
PARAGUAY	1990	35,4	48,4	56,8	38,7	30,8	40,2	50,0	62,4	—
PERU	1992	29,1	59,0	66,1	41,1	34,9	51,3	65,6	73,2	—
R. DOMINICANA	1991	17,4	56,4	60,1	50,1	41,5	53,0	57,2	59,2	66,3

Notas: (1) Unión legal o consensual. (2) Estos niveles varían de acuerdo con la estructura del sistema educativo de cada país y la forma como fueron categorizados en el informe. (3) Se refiere al Area Metropolitana.

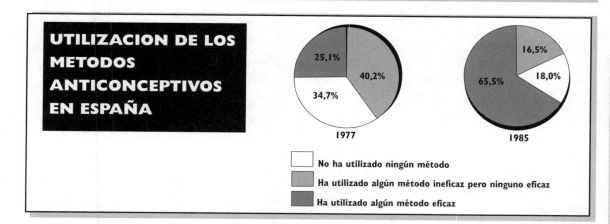

UTILIZACION DE LOS METODOS ANTICONCEPTIVOS EN ESPAÑA

1977: 25,1% / 40,2% / 34,7%   1985: 16,5% / 18,0% / 65,5%

☐ No ha utilizado ningún método
☐ Ha utilizado algún método ineficaz pero ninguno eficaz
☐ Ha utilizado algún método eficaz

Ejemplo: *Me sorprende que en México más de la mitad de las jóvenes utilicen anticonceptivos.*

_____

_____

_____

_____

_____

_____

_____

Unidad IV • Capítulo 12 • PRACTICA ESCRITA

Creación

El consejo directivo escolar le ha pedido a Ud. que exprese su opinión en cuanto a la instalación de máquinas que dispensan preservativos *(condoms)* dentro del colegio al cual asiste Ud. o su hijo/a. En una carta explique detalladamente su posición. Escríbala en una hoja aparte.

Phrases: *Writing a letter (formal); Agreeing & disagreeing; Warning*

Grammar: *Verbs: compound tenses; Negation; But:* pero, sino (que), nada más que

Vocabulary: *Upbringing; Family members; Numbers*

UNIDAD I TRADICION Y CAMBIO

El ocio

... *Que comieron...* ¿*qué?*

▶ Introducción

A pesar de los siglos transcurridos, algunas de las costumbres alimenticias de las Américas antes de la llegada de Colón se han conservado hasta nuestros días. A continuación vas a oír hablar de una muy particular que no se ha adoptado todavía ni en Estados Unidos ni en otros países también amantes de la comida tradicional mexicana. Ya verás por qué.

Antes de escuchar la narración, haz los ejercicios preparatorios siguientes. Estos te ayudarán a entender mejor lo que vas a oír.

Ya lo sabes

Contesta las preguntas siguientes.

1. ¿Por qué es tan común que se enfermen los turistas en el extranjero? ¿Qué es la "venganza de Moctezuma"?

   _____

   _____

   _____

2. ¿Sabes qué precauciones hay que tomar para no enfermarse del estómago en un país extranjero?

   _____

   _____

   _____

3. ¿Probaste gusanos, tierra, arena u cualquier otra cosa extraña cuando eras pequeño/a?

   _____

   _____

   _____

Narración

Ahora escucha atentamente la siguiente narración. Presta atención al contenido y a la pronunciación. Escúchala dos veces o tantas como necesites.

Después de haber escuchado la narración, estás listo/a para hacer los ejercicios que aparecen a continuación.

¿Te enteraste?

> **PALABRAS ÚTILES: pulgada** inch   **crudo/a** raw   **masticar** to chew
> **escozor** stinging sensation   **morder** to bite   **agarrar** to get hold of

A. Elige la respuesta correcta según lo que acabas de oír.

1. Un "gusano" es...
   a. un tipo de pescado.
   b. un tipo de ave.
   c. un tipo de insecto.
   d. un tipo de invertebrado.

2. Comer gusanos se ha puesto de moda porque...
   a. son baratos.
   b. son nutritivos.
   c. son exóticos.
   d. son deliciosos.

3. Los primeros en comer gusanos fueron...
   a. los indígenas.
   b. los españoles.
   c. los atletas.
   d. los turistas.

4. Los gusanos...
   a. le dan asco al narrador y no los prueba.
   b. muerden al narrador.
   c. hacen que el narrador los vomite.
   d. le encantaron al narrador.

B. Si la oración es verdadera, escribe **V.** Si es falsa, escribe **F** y corrígela para que sea verdadera.

1. _____ El narrador está en San Diego.

2. _____ Los primeros gusanos que comió el narrador estaban tostados.

3. _____ Para conocer la historia de México hay que comer gusanos, según el narrador.

4. _____ El narrador se mete los dedos en la boca porque es una costumbre pre-hispánica.

5. _____ La mesera no quería servir gusanos vivos porque causan enfermedades.

C. Expresa tu opinión al contestar las preguntas siguientes.

1. ¿Qué te abre el apetito? ¿Qué te lo hace perder? Menciona cuatro cosas.

   _____

   _____

2. En muchos restaurantes hispanos sirven las gambas *(shrimp)* con cabeza o el lechón *(suckling pig)* entero. ¿A ti te importa la apariencia o presentación de una comida? ¿Cuándo sí y cuándo no?

   _____

   _____

3. ¿Has oído las expresiones siguientes? ¿Qué crees que significan? ¿Conoces otras?
   a. Donde comen dos, comen tres.   b. Comer con los ojos.   c. Sin comerlo ni beberlo.

   _____

   _____

4. Dice un proverbio chino que "por cada nueva comida que probamos, tenemos un día más de vida". ¿Piensas ponerlo en práctica o no? ¿Por qué sí/no?

   _____

   _____

UNIDAD I TRADICION Y CAMBIO

CAPITULO
2

Costumbres de ayer y de hoy

Las parrandas puertorriqueñas

Introducción

En torno a la Navidad hay multitud de mitos y ritos: el árbol, el belén o nacimiento *(Nativity scene)*, las posadas mexicanas, el roscón de Reyes... Pero no siempre coinciden los de un país con los de otro. Como podrás comprobar en el diálogo siguiente, Anamari tiene que explicarle varias tradiciones puertorriqueñas a su compañera Alicia porque ésta no las conoce.

Antes de escuchar el diálogo, haz los ejercicios preparatorios siguientes. Estos te ayudarán a entender mejor lo que vas a oír.

Ya lo sabes

Contesta las preguntas siguientes.

1. ¿Sabes cómo se celebra la Navidad en otros países? Menciona alguna tradición navideña que conozcas.

   _____

   _____

   _____

2. ¿Se hace algo especial en tu ciudad los días de fiesta o los domingos?

   _____

   _____

   _____

3. ¿Qué dirían tus padres si tus amigos los despertaran cantando a las 5 de la mañana?

   _____

   _____

   _____

Diálogo

Ahora escucha atentamente el siguiente diálogo. Presta atención al contenido y a la pronunciación. Escúchala dos veces o tantas como necesites.

Después de haber escuchado el diálogo, estás listo/a para hacer los ejercicios que aparecen a continuación.

¿Te enteraste?

A. Complete las oraciones siguientes según lo que acabas de oír.

1. Las parrandas tienen lugar...

a. en (lugar) _____

b. entre (tiempo) _____

2. Las parrandas consisten en...

a. _____

b. _____

3. Tres cosas que hacen los puertorriqueños con los regalos de Navidad que no se hace en Estados Unidos son...

a. _____

b. _____

c. _____

B. Expresa tu opinión al contestar las preguntas siguientes.

1. ¿Sabes qué temperatura hace normalmente en Puerto Rico en diciembre? ¿Y en otros países latinoamericanos? ¿Con qué asociará la gente de estos países la Navidad: con el frío o con el calor?

_____

_____

2. Imagínate que Anamari está casada con un norteamericano y vive con él y con sus hijos en Estados Unidos. ¿Cuándo recibirán los regalos de Navidad sus hijos: el día 25 de diciembre, el 6 de enero o ambos días?

_____

3. Si recibes un regalo por Navidad (o por tu cumpleaños) que no te gusta mucho o que realmente no necesitas, ¿qué haces con él?

_____

4. Los dos dibujos siguientes presentan dos reacciones distintas a la Navidad. ¿Hacía cuál te inclinas tú? ¿Por qué?

_____

_____

UNIDAD I TRADICION Y CAMBIO

CAPITULO 3

Temas candentes

El SIDA

▶ Introduccíon

A continuación vas a oír algunos de los síntomas del SIDA, la manera en que se transmite y algunas complicaciones de esta enfermedad. Aquí tienes unos datos publicados en 1997 por el Ministerio de Sanidad y Consumo (España):

- Porcentaje de casos por continente: Africa 35,09%, América 48,49%, Asia 4,32%, Europa 11,62%, Oceanía 0,49%
- Número de casos: Estados Unidos 35,36%, España 2,74%, México 1,82%, Argentina 0,64%, Nicaragua 0,01%
- Casos registrados en España: 489 (1986), 7.080 (1994), 2.233 (1997)
- Casos por sexos en España: Hombres 80,99%, Mujeres 19%, Desconocido 0,01%

Antes de escuchar la narración, haz los ejercicios preparatorios siguientes. Estos te ayudarán a entender mejor lo que vas a oír.

Ya lo sabes

Contesta las preguntas siguientes.

1. ¿Tomas alguna precaución para no ponerte enfermo/a? Menciona tres.

   a. _____

   b. _____

   c. _____

2. Menciona tres cosas que deben hacerse para estar en buena forma.

   a. _____

   b. _____

   c. _____

Programa de radio

Ahora escucha atentamente el programa de radio siguiente. Presta atención al contenido y a la pronunciación. Escúchala dos veces o tantas como necesites.

Después de haber escuchado el programa de radio, estás listo/a para hacer los ejercicios que aparecen a continuación.

¿Te enteraste?

PALABRAS ÚTILES: **aprovechar** to take advantage of **debilidad** weakness **compartir** to share **agujas** needles **bienestar** well-being

A. Marca la respuesta correcta según lo que acabas de oír.

1. Marca cada uno de los síntomas del SIDA.

_____ pérdida de peso sin razón

_____ caída del pelo

_____ fiebre y sudores por la noche

_____ dolor de garganta persistente

_____ visión nublada repentinamente deficiente

_____ vómitos

2. Marca las formas en que el SIDA <u>no</u> puede contagiarse.

_____ usando baños públicos o piscinas

_____ teniendo relaciones sexuales sin protección

_____ compartiendo drogas inyectables

_____ por transfusiones de sangre infectada

_____ por picaduras de insectos o mosquitos

_____ conversando con un enfermo

3. Marca las posibles complicaciones de la enfermedad.

_____ esterilidad   _____ ceguera *(blindness)*

_____ amnesia   _____ múltiples infecciones

_____ problemas psicológicos   _____ obesidad

_____ cáncer

B. Expresa tu opinión al contestar las preguntas siguientes.

1. ¿Qué añadirías tú a lo que dice el programa de radio sobre el SIDA? (Medicinas, tratamiento, marchas, investigaciones, etc.)

_____

2. ¿Crees que los/las jóvenes de tu generación están bien informados/as sobre las enfermedades llamadas de transmisión sexual? ¿Les preocupan mucho o no?

_____

_____

3. ¿Los medios de comunicación hablan abiertamente del SIDA? ¿O consideran tabú todo lo que se relaciona con el acto sexual?

_____

_____

4. ¿Te acuerdas a qué edad oíste hablar del SIDA por primera vez? ¿A qué edad te parece oportuno que los niños y niñas sepan cómo se transmite?

_____

UNIDAD II CONTRASTES CULTURALES

CAPÍTULO
4

Así somos

El Spanglish

Introducción

Al entrar en contacto las lenguas, como las personas, se influyen mutuamente. La mezcla del español con el inglés se conoce como *Spanglish*. La siguiente narración comenta este fenómeno lingüístico que está adquiriendo nueva aceptación en algunas partes de los Estados Unidos hoy en día.

Antes de escuchar la narración, haz los ejercicios preparatorios siguientes. Estos te ayudarán a entender mejor lo que vas a oír.

Ya lo sabes

Contesta las preguntas siguientes.

1. ¿Has oído alguna vez *rap* en *Spanglish?* ¿Lo entendiste?

   _____

   _____

2. ¿Has visitado Los Angeles, Nueva York o Miami y visto/experimentado la mezcla de las lenguas? ¿De qué forma?

   _____

   _____

El festival de la Calle 8 en Miami.

Narración

Ahora escucha atentamente la siguiente narración. Presta atención al contenido y a la pronunciación. Escúchala dos veces o tantas como necesites.

Después de haber escuchado la narración, estás listo/a para hacer los ejercicios que aparecen a continuación.

PALABRAS ÚTILES:	**macarrónico/a** chopped up	**esfuerzo** effort
anunciar to advertise	**equilibrado/a** balanced	**sabrosura** many moods

¿Te enteraste?

A. Contesta las preguntas siguientes según lo que acabas de oír.

1. Define el *Spanglish* de hoy y contrástalo con el de otras épocas anteriores.

   _____

   _____

   _____

2. ¿Cuáles son algunas palabras del *Spanglish?*

   _____

3. ¿De qué están convencidos muchos jóvenes hoy?

   _____

   _____

B. Expresa tu opinión al contestar las preguntas siguientes.

1. En la narración anterior has oído lo que opina sobre el *Spanglish* la gente que lo habla. Pero, ¿qué opinas tú de verdad? ¿Te resulta divertido escucharlo? ¿Por qué?

   _____

   _____

   _____

2. ¿Por qué se mezclan las lenguas? ¿Cuáles son algunos beneficios (lingüísticos o no) del proceso?

   _____

   _____

   _____

3. Si alguien dijera "oído público" para *public hearing,* ¿sería esto un ejemplo de *Spanglish* o de una mala traducción? Explica tu respuesta.

   _____

   _____

   _____

   _____

4. El lenguaje relacionado con ordenadores está dando problemas a países hispanos que no quieren utilizar términos en inglés (anglicismos). A continuación tienes algunas de las palabras propuestas para sustituir los términos en inglés. ¿A qué término sustituyen?

   a. enlace, vínculo, puente _____

   b. pirata informático _____

   c. el ratón _____

   d. explorador, buscador _____

UNIDAD II CONTRASTES CULTURALES

Así nos vemos / Así nos ven

Cupido al diván

▶ Introducción

"Cupido" es el dios del amor y se le suele representar como a un niño con alas y con los ojos vendados. "Un diván" es una especie de sofá sin respaldo en el que se echaban los/las pacientes cuando iban a la consulta de un/a psiquiatra. Con estas dos palabras el autor alude a una encuesta realizada sobre las cualidades que tenemos en cuenta a la hora de buscar pareja *(couple, partner)*. ¿De verdad crees que el amor es ciego?

Antes de escuchar la narración, haz los ejercicios preparatorios siguientes. Estos te ayudarán a entender mejor lo que vas a oír.

Ya lo sabes

Contesta las preguntas siguientes.

1. ¿Crees que nos enamoramos de alguien con quién tenemos muchas cosas en común o que, como dicen, "los opuestos se atraen"?

   _____

   _____

   _____

2. ¿En qué aspectos de la vida nos condiciona la cultura en que vivimos? (Piensa en los valores éticos, los ideales, los gustos, las horas...)

   _____

   _____

   _____

3. ¿Tienen tus amigos características similares o son muy distintos?

   _____

   _____

   _____

Línea Romántica
1-900-555-4411

¡Consiga la pareja de sus sueños!

Para responder a la línea romántica

Si usted ve un anuncio que le atrae, simplemente marque el número: 1-900-555-4411 y siga las instrucciones que oirá en el teléfono. Cuando se le indique, marque los cuatro números que aparecen al final del anuncio. Se le cargará a su cuenta $1.98 por el primer minuto y .98 cts por cada minuto adicional. Los costos aparecerán en su cuenta telefónica.

4. ¿Qué opinas de las líneas telefónicas románticas? ¿Te parece posible encontrar pareja a través de una computadora?

_____

_____

_____

Narración

Ahora escucha atentamente la siguiente narración. Presta atención al contenido y a la pronunciación. Escúchala dos veces o tantas como necesites.

Después de haber escuchado la narración, estás listo/a para hacer los ejercicios que aparecen a continuación.

¡Te enteraste?

> **PALABRAS ÚTILES: castidad** chastity   **no inmutarse** not to be concerned
> **pretendientes** suitors   **puntaje** rating   **aporte** finding

A. Elige la respuesta correcta según lo que acabas de oír.

1. La encuesta realizada aporta información sobre las parejas de...

   a. Estados Unidos.

   b. Colombia, Venezuela, Brasil.

   c. muchos países del mundo.

2. La elección de la otra persona está condicionada por...

   a. la cultura.   b. la edad.   c. el sexo.

3. Hombres y mujeres de todo el mundo dan la misma importancia a...

   a. la castidad.   b. la atracción mutua.   c. la inteligencia.

4. El estudio confirma que los hombres las prefieren a ellas...

   a. atractivas.   b. deportistas.   c. independientes.

5. Las mujeres, en cambio, los prefieren a ellos...

   a. cariñosos.   b. aventureros.   c. ricos.

B. Selecciona de la lista siguiente las cuatro cualidades más importantes según el estudio. Después marca las cuatro más importantes para ti. (E = estudio; Y = yo)

1. _____ sentido del humor

2. _____ deseo de hogar e hijos

3. _____ buena apariencia física

4. _____ comprensión y bondad

5. _____ atracción mutua y amor

6. _____ fidelidad

7. _____ afinidad en creencias religiosas

8. _____ afinidad en temas políticos

9. _____ posibilidad de ganar mucho dinero

10. _____ buena salud

11. _____ refinamiento y limpieza

12. _____ inteligencia

13. _____ educación

14. _____ personalidad atractiva

UNIDAD II CONTRASTES CULTURALES

Aquí estamos: los hispanos en EE UU

Hispano ¿yo?

Introducción

El término "Hispanics" fue creado por el gobierno estadounidense para censar bajo una misma categoría a todas la personas que procedían de países hispanohablantes. Pero una encuesta realizada en 1997 revela (a) que el 85% prefiere emplear otros términos: latino/a, mexicano/a, mexicano-americano/a, latinoamericano/a... y (b) que no hay acuerdo en el término que podría sustituir a "hispano/a". (http://falcon.cc.ukans.edu/~droy/)

Antes de escuchar el diálogo, haz los ejercicios preparatorios siguientes. Estos te ayudarán a entender mejor lo que vas a oír.

Ya lo sabes

Contesta las preguntas siguientes. Si no sabes contestarlas, puedes buscar información en Internet.

1. ¿Debe cambiar la nacionalidad de un/a inmigrante al cambiar éste/a de país de residencia? ¿Por qué?

   _____

   _____

2. ¿Qué entiendes por "neorriqueño/a" y "chicano/a"? ¿Y "americano/a"?

   _____

   _____

   _____

   _____

3. ¿De qué país(es) viene la gente que se identifica como *Spanish?*

   _____

   _____

   _____

Diálogo

Ahora escucha atentamente el diálogo siguiente. Presta atención al contenido y a la pronunciación. Escúchala dos veces o tantas como necesites.

Después de haber escuchado el diálogo, estás listo/a para hacer los ejercicios que aparecen a continuación.

¿Te enteraste?

PALABRAS ÚTILES: **¿Qué tal te va?** How's it going? **apellido** last name **engrosar** to count as **sencilla** simple **marcar** to check

A. Contesta las preguntas siguientes según lo que acabas de oír.

1. ¿Cuál es la relación entre los términos "venezolano" e "hispano"?

   _____

   _____

2. ¿Por qué le dice Lucas a Luis Miguel "tú todavía eres venezolano"?

   _____

   _____

3. ¿Qué quiere decir que los hispanos lo son "por vocación"?

   _____

   _____

4. ¿Qué ventajas tiene definirse como "blanco" o como "hispano"?

   _____

   _____

   _____

B. Expresa tu opinión al contestar las preguntas siguientes.

1. Busca la definición de "hispano/a" en una enciclopedia o en Internet y escríbela a continuación. ¿Es una definición cultural, racial, lingüística?

   _____

   _____

   _____

2. Mira la foto anterior. ¿Entiendes el mensaje? ¿Qué relación hay entre "boricua" y Puerto Rico?

   _____

   _____

   _____

3. ¿Son los/las españoles/as también "hispanos/as" o no? ¿Por qué sí/no?

   _____

   _____

   _____

UNIDAD III LOS DERECHOS HUMANOS

Los marginados

El alquiler barato: la solución

Cooperativa Jóvenes de Villaverde-Pueblo Unido

▶ Introducción

A la gente que vive en la calle porque no puede costearse una vivienda *(dwelling)* se les denomina en español "los sin techo". Observa que en inglés se enfatiza el hecho de no tener casa —*homeless*— mientras que en español las aspiraciones son más modestas y sólo se pide un techo —*roof*. Pero estas personas no son las únicas que tienen problemas de vivienda. En el siguiente programa de audio, escucha lo que tienen que decir unos jóvenes pertenecientes a una asociación de vecinos del sur de Madrid, Villaverde Alto, llamada Pueblo Unido.

Antes de escuchar la narración, haz los ejercicios preparatorios siguientes. Estos te ayudarán a entender mejor lo que vas a oír.

Ya lo sabes

Contesta las preguntas siguientes.

1. ¿Cuáles son algunas razones por las que la gente prefiere alquilar un piso (apartamento, casa, habitación de un hotel...) a comprarlo/la? Menciona dos.

   _____

   _____

2. "Okupas" (u "ocupas") es el nombre que se les da en España a los que "ocupan" una vivienda "desocupada". ¿Qué nombre reciben en inglés? ¿Es legal o ilegal hacer esto? ¿Por qué sí/no? ¿Sabes en qué países se practica este tipo de "ocupación"?

   _____

   _____

3. ¿Qué ayuda se les da a los "sin techo" en tu país?

   _____

   _____

4. ¿Estás contento/a con el apartamento (cuarto de la residencia, casa...) donde vives ahora? Por qué sí/no?

   _____

   _____

Narración

Ahora escucha atentamente la siguiente narración. Presta atención al contenido y a la pronunciación. Escúchala dos veces o tantas como necesites.

Después de haber escuchado la narración, estás listo/a para hacer los ejercicios que aparecen a continuación.

¿Te enteraste?

> **PALABRAS ÚTILES: parados/as** unemployed **piso** apartment **extrarradio** outskirts **recambio** changeover **autogestión** self-management

A. Elige la(s) respuesta(s) correcta(s) según lo que acabas de oír.

1. En España es difícil para muchos jóvenes alquilar un piso porque...
   a. hay muy pocos disponibles y hay que esperar 10, 20 ó 30 años para conseguir uno.
   b. muchos jóvenes no tienen trabajo.
   c. los alquileres suelen ser excesivamente caros.
   d. la Comunidad de Madrid no quiere que los jóvenes se independicen.

2. Los únicos pisos que la gente joven puede comprar...
   a. están en muy malas condiciones.   c. están en barrios donde vive gente muy mayor.
   b. están a las afueras de la ciudad.   d. valen 70 millones de euros.

3. Los jóvenes de Pueblo Unido quieren que...
   a. la Comunidad de Madrid les regale un piso.
   b. sus padres les ayuden económicamente.
   c. los propietarios de los pisos bajen el alquiler.
   d. los alquileres sean tan accesibles como en otros países de Europa.

4. La propuesta principal de estos jóvenes consiste en...
   a. formar una cooperativa.
   b. vivir en un edificio de pisos y encargarse de su gestión a cambio de un alquiler barato.
   c. vivir gratis en un edificio de pisos a cambio de encargarse de su gestión.
   d. no pagar los gastos de mantenimiento y conservación.

5. El grupo pide el apoyo de...
   a. nosotros/as.   c. los vecinos del barrio (que no pertenecen a la Asociación).
   b. la Asociación de vecinos.   d. la Comunidad de Madrid.

B. Expresa tu opinión al contestar las preguntas siguientes.

1. ¿Conseguirán los jóvenes de Villaverde Alto sus demandas? Explica tu respuesta.

   _____

   _____

2. En algunas partes de España todavía es frecuente que uno/a viva en casa de sus padres hasta que se case. ¿Crees que esta costumbre se debe a lo caro que están los pisos o a la unidad de la familia hispana?

   _____

   _____

3. ¿Qué harías tú si no tuvieras casa?

   _____

   _____

4. En Internet o en un periódico, busca los precios de las casas (o bien lo que cuesta alquilar un apartamento) en varias ciudades hispanas y compáralos con los de tu ciudad. Comenta los resultados.

   _____

   _____

UNIDAD III LOS DERECHOS HUMANOS

Los sobrevivientes

Uno más uno

Cantantes: Sabiá

Introduccíon

Sabiá es un grupo de mujeres norteamericanas feministas que intenta dar a conocer al público de su país la situación política de Latinoamérica. En sus canciones incorpora ritmos e instrumentos de los distintos países hispánicos. Esta canción, que se encuentra en su álbum *Formando un puente*, alude al fenómeno de los desaparecidos. Como recordarás, los desaparecidos son las personas secuestradas en los años 70–80 en distintos países latinoamericanos por estar en contra de la política del gobierno.

Antes de escuchar la letra de la canción, haz los ejercicios preparatorios siguientes. Estos te ayudarán a entender mejor lo que vas a oír.

Ya lo sabes

Contesta las preguntas siguientes.

1. En los EE UU cuando la policía no puede identificar un cadáver, ¿qué nombre le da?

_____

2. ¿Hay gente desaparecida *(missing, vanished)* en tu país? ¿Cuáles son algunas razones de su desaparición?

_____

_____

3. ¿Qué se hace en los EE UU para encontrar a alguien desaparecido? Menciona tres cosas. (Por ejemplo, en España hay un programa de televisión titulado "¿Quién sabe dónde?").

_____

_____

4. La letra de la canción contiene las siguientes palabras. Escribe en el espacio en blanco lo que significan. Si no lo sabes, consulta un diccionario.

   a. los brazos entrelazados _____

   b. el cuerpo erguido _____

   c. los puños encrispados _____

   d. tras las rejas _____

Canción recitada

Ahora escucha atentamente la letra de la canción siguiente. Presta atención al contenido y a la pronunciación. Escúchala dos veces o tantas como necesites.

Después de haber escuchado la recitación de la canción, estás listo/a para hacer los ejercicios que aparecen a continuación.

¿Te enteraste?

A. Elige la respuesta correcta según lo que acabas de oír.

1. La canción trata...
   a. de la ausencia de los amigos.
   b. del secuestro de gente conocida.
   c. de la inevitabilidad de la muerte.
   d. de la distancia.

2. "Desapareció como si fuera una perla revuelta en toneladas de arroz" nos indica que...
   a. nadie sabe cuándo o dónde fue secuestrada esa persona.
   b. se llevaron a esa persona con muchas otras a la vez.
   c. la persona valía tanto como una joya.
   d. ocultaron a la persona entre sacos de arroz.

3. Juan, María, Manuel y Javier son...
   a. los nombres reales de los desaparecidos.
   b. nombres corrientes en los países hispanos.
   c. los pseudónimos que utilizaban los desaparecidos para ocultar su verdadera identidad.
   d. los nombres de los cantantes.

4. Según la canción, en ese país hay muchas personas...
   a. desaparecidas.
   b. secuestradas.
   c. muertas.
   d. encarceladas.

5. Versos como "vendremos todos juntos; abriremos tu ventana" expresan...
   a. pesimismo.
   b. felicidad.
   c. protesta.
   d. solidaridad.

6. "Uno a uno llegarán" se refiere a los...
   a. campesinos.
   b. profesores.
   c. obreros.
   d. agitadores.

B. Observa detalladamente este cuadro e interprétalo. Luego escribe la historia de estas personas.

_____

_____

_____

_____

_____

_____

_____

_____

_____

Héctor Poleo, _La noche ha regresado_, 1947

C. Hoy día existe otro tipo de desaparición: la abducción por extraterrestres. ¿Te convencen las historias que cuenta la gente o no? En una hoja aparte, escribe un párrafo expresando tu opinión.

UNIDAD III LOS DERECHOS HUMANOS

Concienciación y aperturas

Los comedores de la solidaridad

Teki

▶ Introduccíon

El informe que vas a escuchar presenta los esfuerzos y logros de unas mujeres peruanas. Estas han resuelto el problema de la alimentación diaria para todas las familias de su vecindad. Preparan la comida reuniendo lo poco que cada una de ellas puede contribuir y luego la reparten. En otras partes de Latinoamérica, como por ejemplo en Chile, esta práctica se conoce también como "la olla común". La labor de estas mujeres nos enseña que la cooperación en tiempos difíciles es crucial.

Antes de escuchar el informe de Teki, haz los ejercicios preparatorios siguientes. Estos te ayudarán a entender mejor lo que vas a oír.

Ya lo sabes

Contesta las preguntas siguientes.

1. Menciona dos programas que existen en tu país para dar de comer a los pobres *(Food Bank, Shelters, Feed the Hungry).*

   _____

   _____

2. Explícale a una persona extranjera lo que es un *potluck.* ¿Cuál es su propósito? ¿Ahorrar dinero?

   _____

   _____

3. Escribe tres consejos para no malgastar comida. (Por ejemplo, "la olla común", un *potluck...*)

   _____

   _____

4. Escribe sobre una experiencia personal tuya o de un amigo en que cooperaste con otros para obtener algo.

   _____

   _____

   _____

Informe

Ahora escucha atentamente el informe siguiente. Presta atención al contenido y a la pronunciación. Escúchala dos veces o tantas como necesites.

Después de haber escuchado el informe de Teki, estás listo/a para hacer los ejercicios que aparecen a continuación.

¿Te enteraste?

> **PALABRAS ÚTILES: abratar** to reduce **socias** members
> **talleres** workshops **ingresos** income

A. Elige la respuesta correcta según lo que acabas de oír.

1. En Perú hay... "comedores populares".
   a. 1.978   b. 7.000   c. 600   d. 2500

2. "La elaboración de menús, las compras y la organización los turnos de cocina" es responsabilidad...
   a. de las socias más pobres.
   b. del Comité.
   c. de la Asamblea General.
   d. de la presidenta.

3. Preparar comidas para un grupo resulta... que para una familia sola.
   a. menos nutritivo   b. menos pesado   c. más divertido   d. más barato

4. Las mujeres que participan en los comedores populares...
   a. aprenden a cocinar.
   b. saben preparar un menú bajo en calorías.
   c. se vuelven más seguras e independientes.
   d. trabajan luego mejor en grupos.

5. Estas organizaciones en que las mujeres cocinan para un grupo...
   a. surgieron en Canadá en 1978.
   b. no funcionan muy bien.
   c. las han copiado en Perú.
   d. son propias de las comunidades indígenas latinoamericanas.

B. Expresa tu opinión al contestar las preguntas siguientes.

1. ¿Podrían funcionar bien en los EE UU los comedores populares? Explica.

_____
_____
_____

2. ¿Por qué se critica tanto en los Estados Unidos el programa de ayuda social denominado *Welfare?*

_____
_____
_____

3. ¿Has tenido que cocinar alguna vez para un grupo de personas? ¿Qué prepararías si tuvieras que hacerlo? ¿Cuánto dinero estarías dispuesto a gastarte? ¿Incluidas las bebidas?

_____
_____
_____
_____

UNIDAD IV HACIA LA IGUALDAD ENTRE LOS SEXOS

Lenguaje y comportamientos sexistas

El machismo

▶ Introducción

Las palabras "machismo, machista, machote, machota y marimacho" se derivan de "macho". Las dos primeras se emplean a veces en otras lenguas, por ejemplo, en el inglés. No obstante, mucha gente considera que el tipo de ideología, comportamiento y actitud que denotan es sólo característico de la cultura hispana. Entonces, ¿en qué se diferencia una persona sexista de una machista?

Antes de escuchar la narración, haz los ejercicios preparatorios siguientes. Estos te ayudarán a entender mejor lo que vas a oír.

Ya lo sabes

Contesta las preguntas siguientes.

1. Escribe cinco adjetivos que te vienen a la mente cuando escuchas la palabra "machismo" o "machista".

   _____

   _____

2. ¿Son sinónimos los términos "machista", "chauvinista" y "sexista"? ¿Cómo los entiendes tú?

   _____

   _____

3. Haz una pequeña descripción del hombre medio norteamericano según lo presentan los medios de comunicación.

   _____

   _____

   _____

▶ Narración

Ahora escucha atentamente la siguiente narración. Presta atención al contenido y a la pronunciación. Escúchala dos veces o tantas como necesites.

Después de haber escuchado la narración, estás listo/a para hacer los ejercicios que aparecen a continuación.

PALABRAS ÚTILES: relacionar con to relate to **prepotencia** overbearing pride of one's power **potencia (sexual)** sexual prowess **caballeresco/a** gentlemanly **estudiosos/as** scholars

A. Elige la(s) respuesta(s) correcta(s) según lo que acabas de oír.

1. Se pueden encontrar comportamientos y prácticas machistas en...
   a. México.
   b. Cuba.
   c. los Estados Unidos.
   d. todo el mundo.

2. Según algunos autores, uno de los aspectos positivos del machismo es...
   a. la procreación de hijos varones.
   b. la protección de la familia.
   c. la masculinidad.
   d. la conquista de muchas mujeres.

3. El narrador relaciona el machismo con...
   a. la potencia sexual.
   b. el donjuanismo.
   c. el parranderismo.
   d. la fertilidad.

4. El hombre machista típico es...
   a. caballeresco con las mujeres y agresivo con los hombres.
   b. amable con los hombres y violento con las mujeres.
   c. irresponsable.
   d. promiscuo.

5. Marcelo Fernández-Zayas considera que el machismo y... no se excluyen mutuamente.
   a. la homosexualidad.
   b. la exhibición del cuerpo.
   c. el sentido de inferioridad.
   d. los aspectos positivos.

B. Expresa tu opinión al contestar las preguntas siguientes.

1. Para ti, ¿es lo mismo "machismo" que "masculinidad"? Explica.

_____

_____

_____

_____

2. ¿Puede una mujer ser machista? Razona tu respuesta.

_____

_____

_____

_____

3. En tu opinión, ¿cómo debe ser el hombre ideal? ¿Y la mujer ideal?

_____

_____

_____

_____

4. El que un hombre abra la puerta para que pase una mujer, ¿es una señal de machismo o de cortesía? ¿Qué reglas de cortesía no deben mantenerse en la época contemporánea porque implican una desigualdad entre los hombres y las mujeres?

_____

_____

_____

_____

5. Busca en Internet la palabra "machismo" o "machista". ¿Qué es lo que has encontrado? ¿Te sorprende o te lo esperabas?

_____

_____

_____

_____

Unidad IV • Capítulo 10 • AUDIO

UNIDAD IV HACIA LA IGUALDAD ENTRE LOS SEXOS

CAPÍTULO

II

Mujeres memorables

La Monja Alférez

▶ Introducción

Hoy día nos parece normal y justo que tanto las mujeres como los hombres luchen contra las limitaciones impuestas a su sexo/género. Pero ¿se consideraba también normal y justo en otras épocas y en otras sociedades? La Monja Alférez, en los escritos autobiográficos que nos ha dejado, explica cómo consiguió en el siglo XVI hacer lo que deseaba, aunque no le estaba permitido por ser mujer.

Antes de escuchar la narración, haz los ejercicios preparatorios siguientes. Estos te ayudarán a entender mejor lo que vas a oír.

Ya lo sabes

Contesta las preguntas siguientes.

1. ¿Por qué razón son famosas algunas mujeres anteriores al siglo XX? Da por lo menos dos ejemplos.

   _____

   _____

   _____

   _____

2. ¿Es la ropa una manifestación de la opresión o de la liberación sexual? ¿Crees que algún día los hombres podrán llevar vestidos sin despertar sospechas?

   _____

   _____

   _____

3. ¿Por qué los militares son juzgados en un tribunal militar y no civil? ¿Por qué los ciudadanos de un mismo país son tratados de diferente manera?

   _____

   _____

   _____

   _____

Narración

Ahora escucha atentamente la siguiente narración. Presta atención al contenido y a la pronunciación. Escúchala dos veces o tantas como necesites.

Después de haber escuchado la narración, estás listo/a para hacer los ejercicios que aparecen a continuación.

¿Te enteraste?

> **PALABRAS ÚTILES: recorrer** to travel, go all over (+ place) **unirse a** to join
> **altivo/a** haughty **monja** nun **recompensa** reward

A. Elige la(s) respuesta(s) correcta(s) según lo que acabas de oír.

1. La Monja Alférez nació en España en...

   a. 1653.

   b. 1529.

   c. 1592.

   d. 1635.

2. Ella era natural de...

   a. Erauso.

   b. San Sebastián.

   c. Guamanga.

   d. el Nuevo Mundo.

3. Como soldado del ejército español luchó en...

   a. España.

   b. Chile.

   c. Perú.

   d. Rusia.

4. Tenía fama de ser una persona...

   a. antisocial.

   b. religiosa.

   c. valiente.

   d. ambiciosa.

5. Murió en...

   a. la hoguera *(stake)*.

   b. el océano Atlántico.

   c. la cárcel.

   d. no se sabe.

B. Expresa tu opinión al contestar las preguntas siguientes.

1. ¿Qué te pareció lo más sorprendente de esta figura femenina? Explica por qué.

   _____

   _____

   _____

   _____

2. Tanto el rey de España como el Papa aprobaron *(approved)* el carácter y costumbres de Catalina de Erauso. ¿Cómo se explicaría esto? ¿Estarían el rey y el Papa a favor de la emancipación femenina?

   _____

   _____

   _____

   _____

3. Lee la siguiente cita de Mary Elizabeth Pery y luego di si estás de acuerdo con la autora o no.

> *Catalina refused feminization and embraced only masculine qualities. She fought as a man to preserve her honor as a man. Aware of the restrictions that gender imposed on her life, she did not try to change the inequality between the sexes. Instead, she chose to change herself, to deny her body, to repudiate the convent, habit, submission expected of her as a woman, and to construct for herself a male persona that would completely obliterate her identity as a woman. (Gender and Disorder in early Modern Seville, Princeton: Princeton UP, 1995. pág. 134)*

_____

_____

_____

_____

4. En su época Catalina de Erauso no podía ser juzgada por un tribunal civil por ser monja. Es decir que le correspondía un tribunal religioso, no civil. ¿Existe todavía esta práctica en tu país? ¿Te parece raro, normal, justo? Coméntalo.

_____

_____

_____

_____

5. ¿Qué es el travestismo? ¿En qué circunstancias hoy día una persona de un sexo utilizaría ropa o accesorios que se asocian con el sexo contrario?

_____

_____

_____

6. ¿Por qué causa tanta risa en las películas el que un hombre se vista de mujer *(Mrs. Doubtfire)* y no tanto el que una mujer se vista de hombre? ¿Qué nos demuestra esta diferente reacción del público?

_____

_____

_____

_____

Unidad IV • Capítulo 11 • AUDIO

UNIDAD IV HACIA LA IGUALDAD ENTRE LOS SEXOS

Decisiones

La superpoblación

Introducción

Según las estadísticas de *La Revista-El Mundo* (1997):

- Mil millones de personas padecen malnutrición crónica, 200 millones de ellas son niños.
- En los últimos 40 años la población del mundo se ha incrementado en un 105%.
- Cada año somos 81 millones de personas más.
- La esperanza de vida de los españoles ha aumentado de 62 años en 1950 a 77 años en 1997.

¿Son estos datos motivo de preocupación o no?

Antes de escuchar el diálogo, haz los ejercicios preparatorios siguientes. Estos te ayudarán a entender mejor lo que vas a oír.

Ya lo sabes

Contesta las preguntas siguientes.

1. ¿Cuál es la población aproximada de tu país? ¿Es un país superpoblado o no?

   _____

   _____

2. ¿Qué consecuencias tendrá la superpoblación mundial en el medio ambiente, en la vida de la gente, en las relaciones entre los países o en la exploración de otros planetas?

   _____

   _____

3. ¿Qué medidas se están tomando en países como China para controlar el índice de natalidad? ¿Conoces otras? ¿Cuál propondrías tú?

   _____

   _____

   _____

Diálogo

Ahora escucha atentamente el siguiente diálogo. Presta atención al contenido y a la pronunciación. Escúchala dos veces o tantas como necesites.

Después de haber escuchado el diálogo, estás listo/a para hacer los ejercicios que aparecen a continuación.

¿Te enteraste?

> **PALABRAS ÚTILES: pensativo/a** thoughtful **duplicar** to double **alimentar** to feed **vacío/a** empty **fíjate!** look!

A. Elige la respuesta correcta según lo que acabas de oír.

1. A finales del siglo XX la población mundial es/era de....

 a. cuatro mil millones de habitantes.

 b. cinco mil millones de habitantes.

 c. seis mil millones de habitantes.

 d. siete mil millones de habitantes.

2. Según las predicciones, el número de habitantes de la tierra se duplicará en...

 a. 27 años.

 b. 37 años.

 c. 47 años.

 d. 57 años.

3. María Luisa piensa que la procreación...

 a. es un derecho inviolable de la mujer.

 b. no es una decisión personal y privada.

 c. es necesaria para la supervivencia del ser humano.

 d. debe limitarse a las parejas casadas.

4. Para evitar la superpoblación, María Luisa afirma que...

 a. no quiere tener hijos.

 b. quiere adoptar a varios niños.

 c. no quiere comer mucho.

 d. usa anticonceptivos.

5. Sofía termina...

 a. dándose cuenta de por qué María Luisa está pensativa.

 b. discutiendo con su amiga.

 c. molesta.

 d. preocupada.

B. Expresa tu opinión al contestar las preguntas siguientes.

1. ¿Estás de acuerdo con quienes dicen que el problema no es la superpoblación sino la distribución de la riqueza, medios de producción, alimentos, educación, etc.?

   _____

   _____

   _____

2. ¿Quieres tener hijos/as en el futuro? ¿Por qué sí/no? Explica tu respuesta.

   _____

   _____

   _____

3. Busca en Internet más información sobre el tema de la población en la historia y escribe a continuación tres hechos/datos que no conocías.

   Ejemplo: *Durante el siglo XIV, la peste bubónica* (the Black Death) *causó la muerte de un tercio* (a third) *de la población en Europa.*

   _____

   _____

   _____

   _____

4. Inventa el argumento para una película o novela que tenga lugar en el futuro lejano. ¿Será todavía una preocupación el tema de la superpoblación o no? ¿Se habrán apoderado las cucarachas de la tierra?

   _____

   _____

   _____

Población mundial en miles de millones 1950–2050

Regiones menos desarrolladas   Regiones más desarrolladas

Unidad IV • Capítulo 12 • AUDIO

Respuestas

UNIDAD 1: Preliminares

A.

1. los
2. el/la
3. la
4. la
5. los
6. el
7. la
8. la
9. los
10. la
11. las
12. las
13. el
14. la
15. la

B.

1. una personalidad dócil
2. unos trajes ridículos
3. una actitud cortés
4. unos clientes preguntones
5. unas ediciones bilingües
6. una persona joven
7. un dios maya
8. una vida mejor
9. una tradición cordobesa
10. un film expresionista

C. *Las respuestas varían, pero deben contener alguna preposición:* **a, ante, bajo,** *etc.*

D.

1. ellos
2. contigo
3. mí
4. él, yo
5. mí
6. ella
7. tú
8. él

E. *Las respuestas varían, pero deben contener:*

1. con ellos
2. con él/ella
3. según ellos, según yo
4. por él o por mí
5. conmigo
6. encima de él
7. con ellos
8. de ellos

UNIDAD 1: Capítulo 1

Bares a millares

➤ **Palabra por palabra / Mejor dicho**

1. ocio
2. acompañante, amigo/a, novio/a
3. público
4. encuesta, todo el mundo
5. cita
6. personas
7. pueblo
8. gente
9. sale *o* va a salir
10. horario

➤ **Repaso gramatical**

A. vivo, pasa, llama, leen, escriben, firman, realizan, beben, comen, conversan, parece, observo, escucho, medito

B. *Las respuestas varían, pero todos los verbos deben estar conjugados en el presente y concordar con el sujeto.*

C. *Las respuestas varían, pero el verbo* **pagar** *puede aparecer conjugado en las distintas personas:* pago, pagas, paga, pagamos, pagáis, pagan.

D.

1. estamos; posición
2. Hay; significa *there are*
3. es; el complemento/atributo es un sustantivo
4. es; significa "tiene lugar"
5. sois; cualidad esencial
6. es; significa "tiene lugar"
7. hay; significa *there are*
8. es; el complemento/atributo es un sustantivo
9. hay, Hay; significan *there are* y *one must*
10. está; cualidad transitoria
11. es, soy; política
12. están; expresión con estar
13. es; el complemento/atributo es un sustantivo
14. hay; significa *there is*
15. son; nacionalidad

E. *Las respuestas varían.*

F. *Hay que usar el verbo* **ser** *con:* la reunión, el concierto, el partido de fútbol, el baile, las elecciones, la boda, la película, la ceremonia de graduación.

G.

1. Alto con el verbo ser significa *tall.*
2. Alto con el verbo estar significa *high.*
3. Estar significa aquí *to look.*
4. Característica esencial de esas personas.
5. Expresa el resultado de un cambio.
6. Cualidad esencial o inherente.
7. Cualidad transitoria, no permanente.
8. Cualidad esencial o inherente.
9. Cualidad inherente.
10. Expresa el resultado de un cambio.

H. *Las respuestas varían.*

Picar a la española

➤ **Palabra por palabra / Mejor dicho**

A. *Las respuestas varían.*

B.

1. libre
2. gratis
3. gratis
4. libre
5. Pregúntame
6. preguntan
7. piden
8. Pedimos

➤ Repaso gramatical

A.
1. Dos kilos cuestan...
2. Uds. acuestan/Vosotros acostáis...
3. Uds. devuelven/Vosotros devolvéis...
4. Los médicos atienden...
5. (Tú) Les muestras...
6. Los carpinteros miden...
7. (Tú) Pides...
8. Uds. sonríen/Vosotros sonreís...
9. Despertamos...
10. Uds. pierden/Vosotros perdéis...

B. *Las respuestas varían.*

C.
1. Sí/No, a mí (no) me gusta...
2. A + *nombre propio o común* + le, A mí me... suelen...
3. Sí/No, a mí (no) me molestan...
4. Nos gusta... (A nosotros/as nos gusta...)
5. Sí/No, a ellos (no) les importan...
6. Sí/No, a ellos (no) les encantan...
7. Sí/No, a mí (no) me fascinan...
8. Sí/No, a él/ella (no) le molesta...
9. Sí/No, a mí (no) me interesa...
10. A + *nombre propio o común* + le, A mí me fascinan...

D.
1. Yo le gusto a ella.
2. A mí me gusta ella.
3. Tú no me gustas o a mí no me gustas tú.
4. A ti (yo) no te gusto.
5. A Julio le gusta María José.
6. Me gusta.
7. Nos gustan.
8. A Alberto le gusta él.
9. Les/Os gusta.
10. Les gustamos a ellos.

E. *Las respuestas varían.*

¡Oye cómo va!

➤ Palabra por palabra / Mejor dicho

A. *Las oraciones varían, pero la relación entre las imágenes y el vocabulario debe ser:*
1. cantante
2. canción
3. letra
4. sonar
5. tendencia
6. ritmo
7. poner
8. tocar

B. sabes, sé, conozco, sabes, Sé, Sabe, sabe, sé, saber, conocer, conocer

➤ Repaso gramatical

A.
1. tan
2. que, que
3. mejor/peor
4. tanto
5. como
6. tan
7. más/menos
8. como

B. *Las respuestas varían, pero las estructuras deben ser:* **más... que, menos... que, tan... como, tanto como.**

C. *Las respuestas varían, pero las estructuras deben ser:* **más... que, menos... que, tan... como, tanto como.**

D. *Las respuestas varían, pero las estructuras deben ser:* **más +** adj. **o + ísimo/a, el/la más +** adj. **+ de + ...**

E. *Las respuestas varían.*

UNIDAD 1: Capítulo 1

Audio

... Que comieron... ¿qué?

➤ Ya lo sabes
Las respuestas varían.

➤ ¿Te enteraste?

A.
1. d   2. c   3. a   4. b

B.
1. F: en México (menciona "pesos")
2. V
3. V
4. F: porque un gusano le está mordiendo la lengua y tiene que sacárselo de la boca tirando de él.
5. F: no quería servirlos vivos porque muerden

C. *Las respuestas varían.*

UNIDAD 1: Capítulo 2

El mexicano y las fiestas

➤ Palabra por palabra / Mejor dicho

A. *Las respuestas varían. Ejemplos:*
1. Los jóvenes se reunieron y participaron en la revuelta.
2. Gastan mucho dinero en fiestas a pesar de la pobreza de la gente.

B.
1. se reúnen
2. encontrarme
3. nos conocimos
4. se disfrazan

➤ Repaso gramatical

A.
1. nos bañamos
2. se quejan
3. despertar
4. te llamas
5. le pone
6. les seca
7. dormís
8. te pareces
9. se enojan
10. me canso

B.
1. Me baño. Morena se baña.
2. Nos despertamos. Mis hermanos se despiertan.
3. Te acuestas. Beatriz se acuesta.
4. Os laváis.
5. Lourdes se levanta. El bebé se levanta.
6. ¡Cómo se limpian!

C. *Las respuestas varían. Ejemplos:*
1. Sí, me burlo de los políticos.
2. No debemos preocuparnos del futuro.
3. Los jugadores de béisbol se quejan de los árbitros *(umpires)*.
4. Nos ponemos las botas cuando nieva.
5. Mi abuela se llama Adriana.
6. No, no me parezco a mi perro.
7. Me deprimo cuando llueve.
8. El/Ella se enfada cuando no lavo los platos que ensucio.
9. Sí, me duermo antes de medianoche.
10. Un/a médico/a toma aspirinas cuando se enferma.

D.
1. sino
2. pero
3. pero
4. sino
5. sino que

E.
1. No me gusta el color rojo sino el azul.
2. Gabriela no es médica sino ingeniera.
3. No voy a la universidad, pero aprendo mucho.
4. Rocío no canta sino que toca el piano.
5. Las dos niñas no hablan el mismo idioma, pero ellas se entienden.
6. No nos interesa el francés sino el español.
7. Queremos jugar al tenis, pero hace mucho calor.

F. *Las respuestas varían. Ejemplo:*
1. Iría a la corrida de toros contigo, pero tengo que cuidar a mi sobrina.

G. *Las respuestas varían.*

Una fiesta de impacto y de infarto

➤ **Palabra por palabara / Mejor dicho**

aficionados, corridas de toros, plazas de toros, defraudados, sangre, sensibilidad, asisten

➤ **Repaso gramatical**

A.
1. No tengo nada nuevo.
2. Alguien viene conmigo a la corrida de toros.
3. No tengo ninguna entrada para el cine.
4. Quiero ir o a la plaza de toros o al museo del Prado.
5. Nunca vamos al parque los domingos.
6. Ninguno de los aficionados aprende a torear.
7. Guillermo ya no estudia en la universidad.
8. Incluso Elena quiere acompañarte.

B.
1. No, no viene nadie conmigo al concierto.
2. No, la señora Ramírez nunca va a misa.
3. No, ninguno de estos productos es malo.
4. No, mis nietos no juegan en el parque tampoco.
5. No, ni siquiera los profesores comen en la cafetería universitaria.
6. No, no tengo ninguna ofrenda para Ochún.
7. No, no llevamos nada a la barbacoa.

C. *Las respuestas varían.*

D. *Las respuestas varían. Ejemplos:*
1. claramente
2. divinamente
3. cuidadosamente
4. piadosamente
5. diariamente

E.
1. alegremente — con alegría
2. seguramente — con seguridad
3. sensiblemente — con sensibilidad
4. difícilmente — con dificultad
5. ciertamente — con certidumbre
6. cortésmente — con cortesía

F.
1. generalmente
2. políticamente
3. cruelmente
4. recientemente
5. raramente
6. fácilmente
7. posiblemente
8. obviamente
9. frecuentemente
10. eventualmente

La santería: una religión sincrética

➤ **Palabra por palabra / Mejor dicho**

A.
1. el pecado
2. el apoyo
3. el bien
4. la mezcla
5. convertirse
6. la ofrenda

B.
1. se volvió
2. nos hicimos
3. os pusisteis
4. llegar a ser
5. se convirtió en
6. se convirtió en
7. se hizo
8. se puso/se volvió
9. hacerse
10. me pongo

➤ **Repaso gramatical**

A.
1. estaba
2. cocinaba, leía
3. decías, querían
4. sabía, pensabais
5. podíamos
6. iban

B.
1. fuiste
2. hizo
3. escribí, terminaste
4. entendieron
5. jugasteis
6. se divirtió

C. querían, llegué, seguí, fueron/eran, tuve/tenía, conocí, pensaba, nos reuníamos, conversábamos, nos dimos cuenta, interesaba, propuse, dijo, sabía, tocaba, buscamos

D.
1. Ellos no pudieron asistir al congreso hasta ayer.
2. Tenías que ayudarnos, pero no quisiste.
3. Cuando Julia me conoció, no sabía que era su primo. Ella lo supo más tarde.
4. Cristina y Alejandra ya sabían que Manuel no tenía el apoyo de sus colegas.
5. Lo siento. Quería llevarte mis apuntes, pero no pude.

E. *Las respuestas varían.*

UNIDAD 1: Capítulo 2

Audio

Las parrandas puertorriqueñas

➤ **Ya lo sabes**
Las respuestas varían.

➤ **¿Te enteraste?**

A.
1. a. en la calle y en las casas
   b. entre el 10 de diciembre y el 10 de enero, entre las doce de la noche y las seis de la mañana
2. a. despertar a otra familia cantando villancicos
   b. y entrar en la casa a comer y a beber
3. a. los dan el 6 de enero, el día de los Reyes Magos
   b. reciben solamente tres por persona
   c. los ponen al pie de la cama

B. *Las respuestas varían.*

UNIDAD 1: Capítulo 3

Una bola de humo

➤ **Palabra por palabra / Mejor dicho**
Las respuestas varían.

➤ **Repaso gramatical**

A.
1. Nos iremos en seguida.
2. Querrá viajar a Venezuela.
3. ¿Le diré a mi madre la verdad?
4. Vosotros sabréis las respuestas.
5. Saldrás muy temprano mañana.
6. Los fumadores molestarán a los otros clientes.

B.
1. Habrán recibido el cheque el lunes.
2. Habréis escrito un buen trabajo.
3. Pronto nos habrán traído buenas noticias.
4. Habremos vuelto para las cinco.
5. Me habré levantado para las diez.
6. Habrás compuesto una nueva canción para el festival de música de Eurovisión.

C. *Las respuestas varían, pero los verbos empleados deben ser:*
1. saldrán
2. estará + gerundio
3. valdrá
4. habrá
5. tendrá

D. *Las respuestas varían.*

E.
1. Fumará dos paquetes de cigarrillos al día.
2. Angela habrá perdido el autobús.
3. La mujer alta que estaba con él anoche será su famosa tía.
4. No hay nadie aquí ahora, así que la reunión será más tarde.
5. Me habré equivocado de hora.

F. *Las respuestas varían. Ejemplos:*
1. Dejaré de perder tanto el tiempo.
2. Para mayo habré terminado de pagar mis deudas.

¿Liberalizar la droga?

➤ **Palabra por palabra / Mejor dicho**

A.
1. peligroso
2. acabar
3. culpa
4. delito
5. tener en cuenta
6. están a favor
7. crímenes
8. cárcel, perjudicial

B.
1. una discusión
2. argumento
3. Los argumentos
4. El argumento
5. discusión

C.
1. C
2. D
3. D
4. D
5. C
6. D

➤ **Repaso gramatical**

A.
1. Ellos decían que vendrían.
2. Todos pensaban que yo lo haría.
3. Creíamos que tú lo romperías.
4. Sabíais que Nati se lo llevaría.
5. Era obvio que vosotras querríais compraros uno.
6. Era evidente que no estaríamos listos.
7. Mis vecinos me habían prometido que me venderían su carro.

B.
1. ¿Me prestarías tu libro?
2. Cuando era joven pasaba horas delante del espejo.
3. Todo el mundo pensaba que él traería las bebidas a la fiesta.
4. El año pasado estudiaban todo el tiempo.
5. ¿Te imaginabas que él dejaría la escuela?

C. *Las respuestas varían. Ejemplos:*
1. No sé, la (la casa) comprarían hace ocho años.
2. No sé, la estarían buscando durante tres o cuatro meses.

D. *Las respuestas varían.*

E. *Las respuestas varían.*

La pasión por lo verde

➤ Palabra por palabra / Mejor dicho

A.

1. ahorrar
2. guardar
3. basura
4. contaminar
5. desperdiciar
6. desperdicio
7. investigar
8. moda
9. recurso
10. salvar

B.

1. ahorrar
2. salvarlo
3. guardado
4. guardas
5. salvó
6. ahorremos
7. ahorraréis

➤ Repaso gramatical

A.

1. Yo ya había comido cuando Anselmo llegó.
2. Virgilio ya se había graduado cuando su hermana se casó.
3. Magdalena ya había llamado cuando Dalia volvió.
4. Ya habíamos leído el libro cuando vimos la película.
5. Ya habían llamado dos veces a la puerta cuando la abriste.

B. ochenta y cinco, mil novecientos noventa y tres, doscientos diez, un millón cuatrocientos cuarenta y seis mil novecientos, sesenta, mil novecientos ochenta y ocho, doce mil trescientas treinta y una, veinte y cinco mil doscientas cincuenta, ciento veinte mil, veinte mil, quinientos

C. *Las respuestas varían. Ejemplos:*
1. Tengo veintitrés años.
2. Nací en mil novecientos setenta y cinco.

D.
1. Juan ha abierto la puerta.
2. ¿Has escrito la carta?
3. Habéis comprado muchos productos preparados.
4. Has vuelto temprano.
5. He visto a mi amigo.
6. Rodrigo y Juan han hecho la maleta.
7. ¿Ha jugado Ud. al tenis?
8. ¿Habéis roto el tocadiscos?
9. Hemos puesto la mesa.
10. Le hemos dicho la verdad.

E. voy, he estado, han pasado, han recorrido, ha habido, ha afectado, nos encontramos

F.
1. Nunca he visto en mi vida tanta basura como en esa playa.
2. Ha sido difícil convencer a la gente de que recicle los periódicos.
3. ¿Por qué crees que es importante proteger el medio ambiente?
4. Hace dos años que investigan ese tema.
5. Los coches contaminan el aire más que los trenes.

UNIDAD 1: Capítulo 3

Audio

El SIDA

➤ Ya lo sabes
Las respuestas varían.

➤ ¿Te enteraste?

A.
1. pérdida de peso sin razón, fiebre y sudores por la noche
2. usando baños públicos o piscinas, picaduras de insectos o mosquitos, conversando con un enfermo
3. esterilidad, problemas psicológicos, cáncer, múltiples infecciones

B. *Las respuestas varían.*

La doble fundación de Buenos Aires

➤ **Palabra por palabra / Mejor dicho**

A. Mapas (Vea los mapas en el texto, págs. xxii–xxv.)

B.
1. peruano/a
2. catalanes-españoles
3. cubano
4. mexicano/a
5. colombianas
6. chileno
7. ecuatorianos
8. puertorriqueño, costarricense

C. *Las respuestas varían. Ejemplos:*
• Nombres de presidentes: Carlos Ménem, Argentina
• Nombres de moneda: peseta, España
Ciudades donde se puede oír hablar los idiomas o dialectos siguientes:
1. Bilbao (País Vasco, España)
2. Barcelona (Cataluña, España)
3. Santiago de Compostela (Galicia, España)
4. Palma de Mallorca (España)
5. Yucatán (México)
6. Asunción (Paraguay)
7. Machu Picchu (Perú)
8. Lisboa (Portugal)

D. *Las respuestas varían.*

E. *Las respuestas varían. Ejemplo:*
1. Cuando viajo, me gusta quedarme en un hotel de lujo con una buena vista de la ciudad.

➤ **Repaso gramatical**

A. *Las respuestas varían.*

B. *Las respuestas varían.*

C.
1. El quechua es una lengua tan compleja como el náhuatl.
2. Los incas conocían sus territorios tan perfectamente como los gauchos.
3. El le da tanta importancia a la tradición oral como yo.
4. Ellos han viajado tanto como yo por el Cono Sur.
5. Apreciamos el folklore nacional tanto como el internacional.

D. *Las respuestas varían. Ejemplos:* Cuesta más ir a Chicago que a Nueva York. Ir a Buenos Aires es carísimo. Ir a Bogotá es tan caro como a Caracas.

E. *Las respuestas varían.*

F. *Las respuestas varían.*

G. *Las respuestas varían.*

Dime cómo hablas y te diré de dónde eres

➤ **Palabra por palabra / Mejor dicho**

A.
1. insultar
2. tarea, sabrosa
3. creencias
4. orgullo
5. cotidiana
6. pesadas, disparates

B. *Las respuestas varían.*

C.
1. están confundidos
2. eran confusas
3. estaban confundidos
4. son confusos

D. *Las respuestas varían.*

E. *Las respuestas varían.*

➤ **Repaso gramatical**

A.
1. ¿Quiénes lo saben?
2. ¿Dónde los conocieron?
3. ¿Cómo vinieron?
4. ¿Qué día es hoy?
5. ¿Cuándo no trabajan?
6. ¿Qué compraron Uds.?
7. ¿Por qué no fueron al cine?
8. ¿Cuál es su reloj?
9. ¿Cómo se dice *embarrassed* en español?
10. ¿De quién oyeron hablar?

B. *Las respuestas varían.*

C. *Las respuestas varían. Ejemplo:* ¿Por qué la mamá no se sienta también?

D. *Las respuestas varían. Ejemplos:* ¿Dónde está la farmacia? ¡Cómo me molesta tener que ir en autobús a la universidad!

E. *Las respuestas varían.*

¡Qué guay!

➤ **Palabra por palabra / Mejor dicho**

A.
1. ir a la cama
2. sobresalir
3. usar por primera vez
4. modo especial de decir algo
5. frase hecha
6. truco

B.
1. próximo invierno
2. reuniones siguientes
3. próxima vez
4. día siguiente
5. próximas dos horas

C.
1. En, piensas
2. pensar de
3. pienso

D.
2. Sansón (pelo)
3. abogado (ley)
4. investigaciones (ojos)

E.
1. bate
2. urticaria
3. un empate
4. acostada
5. sonó

➤ **Repaso gramatical**

A.
1. Creo que Venancio es madrileño.
2. No dudo que Clara sabe el significado de la palabra "coger" en México.
3. No es cierto que Norberto nunca haga trampa.
4. No creo que en Cuba le digan "habichuelas" a las judías verdes.

B.
1. Es lógico que haga calor en el verano.
2. Parece dudoso que vayamos de vacaciones.
3. Es verdad que ellas bailan muy bien.
4. Es necesario que toméis esas medicinas.
5. Es cierto que tú no fumas.
6. Conviene que yo recuerde todos los datos.
7. Es mejor que Ud. declare la verdad.
8. Es evidente que nadie sabe la respuesta.
9. Tiene náuseas y es normal que no quiera comer nada.
10. No hay duda que los inviernos son cada vez más fríos.

C. *Las respuestas varían.*

D. *Las respuestas varían.*

E. *Las respuestas varían.*

UNIDAD II: Capítulo 4

Audio

El Spanglish

➤ **Ya lo sabes**
Las respuestas varían.

➤ **¿Te enteraste?**

A.
1. Lo hablan hijos y nietos de inmigrantes, los cuales conocen perfectamente el inglés, y ocupan puestos influyentes en la comunidad. Lo usan cantantes, escritores, artistas de cine y TV. Es una opción, no una falta.
2. Parquear, casete, income tax, ticket.
3. De que el *Spanglish* es la lengua del futuro.

B.
1.–3. *Las respuestas varían*
4. a. link
   b. hacker
   c. mouse
   d. search engine

UNIDAD II: Capítulo 5

Hamburguesas y tequila

➤ **Palabra por palabra / Mejor dicho**

A. *Las respuestas varían.*

B.
1. tópico
2. tema
3. sujeto
4. materia/asignatura
5. sujeto
6. tópico
7. tema
8. tópico
9. tópico
10. materia/asignatura

➤ **Repaso gramatical**

A. *Las respuestas varían. Ejemplo:* Viven aquí desde hace mucho tiempo.

B.
1. ¿Cuánto tiempo hace que te graduaste?
2. No los vemos desde hace varios años.
3. ¿Cuánto tiempo hace que ellos viven al lado?
4. Hace años que no voy al cine.
5. No tenía una carta de ella desde hacía meses.

C. *Las respuestas varían.*

D. *Las respuestas varían.*

E. *Las respuestas varían.*

El eclipse

➤ **Palabra por palabra / Mejor dicho**

A. *Las respuestas varían. Ejemplo:* Confío mucho en mis amigos.

B.
1. un cuento
2. una cuenta
3. un cuento
4. una cuenta
5. un cuento
6. una cuenta
7. un cuento
8. un cuento

C. *Las respuestas varían. Ejemplo:* Hacía mal tiempo y parecía que iba a llover.

➤ **Repaso gramatical**

A.
1. a
2. al
3. Ø
4. a
5. al
6. Ø
7. Ø
8. Ø
9. a
10. a

B. le, las, le, las, las, las, nos, se las

C.
1. Ø
2. lo
3. lo
4. lo
5. Ø

D.
1. ¿Está nevando allí? No, no lo está.
2. ¿Quieres leerlo esta mañana? No, no quiero leerlo ahora.
3. ¿No te gusta? No mucho.
4. ¿Dónde lo encontraron? Lo encontraron debajo del sofá.
5. ¿Puede ser verdad? Sí, puede serlo.

E. *Las respuestas varían. Ejemplo:* A los primeros pioneros les costó trabajo establecerse aquí.

La historia de mi cuerpo

➤ **Palabra por palabra / Mejor dicho**

A. *Las respuestas varían. Ejemplo:* una chaqueta y una falda

B. *Las respuestas varían. Ejemplo:* Me ha hecho mucho daño vivir con alguien que fuma.

C. *Las respuestas varían.*

A.

1. hay que
2. debe de
3. hay que
4. deben de
5. tienen que

B. *Las respuestas varían.*

C.

1. Es admirable que haya(n) conducido toda la noche.
2. Nos sorprende que haya(n) sacado tan buenas notas.
3. Lamento que no haya(n) conocido a su cuñada.
4. Inmaculada se alegra de que haya(n) pedido una Schweppes.
5. ¿Espera Ud. que haya(n) terminado antes de las 5:00?

D.

1. se hayan acostado
2. haya denunciado
3. haya hecho
4. crucen
5. acuerdes
6. hayas enterado
7. hayas dicho

E. *Las respuestas varían.*

UNIDAD II: Capítulo 5

Audio

Cupido al diván

➤ Ya lo sabes

Las respuestas varían.

➤ ¿Te enteraste?

A.

1. c
2. a
3. b
4. a
5. c

B. E = 5, 4, 12, 10, 14.
Las respuestas varían.

UNIDAD II: Capítulo 6

¡Ay, papi, no seas coca-colero!

➤ Palabra por palabra / Mejor dicho

A.

1. esfuerzos, llorando
2. tardó, puesto
3. trabajo
4. esfuerzo
5. trabajan, logran

B.

1. logro
2. tenido éxito en
3. tener éxito
4. logró
5. funcionaba
6. Trabaja
7. trabajó
8. funcionado
9. trabajara
10. funcione

➤ Repaso gramatical

A.

1. Sí, levántate temprano. No, no te levantes temprano.
2. Sí, cásate joven. No, no te cases joven.
3. Sí, diviértete después del examen. No, no te diviertas después del examen.
4. Sí, hazlos todos. No, no los hagas todos.
5. Sí, sal ahora mismo. No, no salgas todavía.

B. *Las respuestas varían.*

C. *Las respuestas varían.*

D. *Las respuestas varían. Ejemplos:* Llámame cuando quieras. No tengas pena de venir sin avisar.

E.

1. sea
2. use
3. llevemos
4. se avergüence
5. trabaje

F.

1. ¿Quiere Ud. que lo hagamos ahora?
2. Siento que vosotros no conozcáis Miami.
3. ¿Deseas que traiga una Coca-Cola o una Pepsi-Cola?
4. Nos alegramos de que Uds. se encuentren bien.
5. Su familia espera que Luis consiga su visa.
6. A Manolo le sorprende que su hija llore tanto.

G. *Las respuestas varían.*

In Between

➤ Palabra por palabra / Mejor dicho

A.

Horizontales:

1. desconocido
5. mudarse
6. rato
8. rara
9. faltar
12. coqueta
14. banco

Verticales:

2. extrañar
3. certeza
4. comprobar
7. pertenecer
10. soltar
11. dedos
13. abril

B. *Las respuestas varían. Ejemplo:* Banco es un lugar para sentarse o para guardar dinero.

➤ Repaso gramatical

A.

1. Sus clientes esperan que mi hermano gaste mucho dinero en recepciones.
2. El médico insiste en que el niño tome medicinas.
3. Ellos nos aconsejan que busquemos otro trabajo.

4. Los profesores os exigen que habléis español en clase.
5. Su tía le pide a Anita que diga la verdad.
6. Mi papá nos permite que salgamos con ellos.
7. Tu empleo te impide que duermas ocho horas.
8. El camarero os recomienda que comáis pescado.
9. La policía les ordena que paguen la multa.
10. Les rogamos a ellos que se acuesten temprano.

B. *Las respuestas varían.*

C.
1. Era una lástima que Lucía no terminara la tesis.
2. Les rogué a Uds. que me hicieran un favor.
3. Era improbable que viviéramos en una tienda de campaña.
4. Esperabas que Vicente te revelara su secreto.
5. Lamentaban que yo no pudiera hacerlo.
6. Os recomendó que aprendierais su lengua materna.
7. Era necesario que tú pensaras en una solución.
8. Querían que vosotros siguierais una carrera prestigiosa.
9. Me aconsejaron que no mintiera tanto.
10. Le pedí a mi hermana que tuviera cuidado.

D. *Las respuestas varían.*

E. *Las respuestas varían.*

F. *Las respuestas varían.*

Nocturno chicano / Canción de la exiliada

➤ **Palabra por palabra / Mejor dicho**

A. *Las respuestas varían.*

B. *Las respuestas varían.*

➤ **Repaso gramatical**

A.
1. aconsejaron, rápidamente
2. previsto, dificultades
3. propuesta, objeciones
4. ejecución
5. terrorista, desquiciado

B. *Las respuestas varían.*

C. *Las respuestas varían.*

D.
1. dejar a alguien sin su tierra, echar del país
2. el que come pan junto contigo
3. sin paciencia
4. decir antes de que ocurra
5. volver a cubrir
6. cambio, ponerse peor
7. no confiar
8. sin moral
9. encerrar bajo tierra
10. imprimir otra vez
11. volver a poner *(resupply)*
12. no ayunar, romper el ayuno

E. *Las respuestas varían. Ejemplos:*

1. coleccionista	4. personalmente
2. especialidad	5. formación
3. comestibles	6. comunismo

UNIDAD II: Capítulo 6

Audio

Hispano ¿yo?

➤ **Ya lo sabes**
Las respuestas varían.

➤**¿Te enteraste?**

A.
1. venezolano = específico, hispano = genérico
2. Porque no se ha asimilado al grupo.
3. Que es posible definirse de otro modo. Como blanco o como negro. Si deciden llamarse hispanos es su propia decisión.
4. Si se define como "blanco" forma parte de la mayoría; si como "hispano" tiene acceso a algunas ventajas económicas para minorías.

B. *Las respuestas varían.*

UNIDAD III: Capítulo 7

Declaración de principios de la organización de los indígenas oaxaqueños

➤ Palabra por palabra / Mejor dicho

A. *Las respuestas varían.*

B.
1. peleas
2. combatiendo
3. luchar
4. combatir
5. peleamos

C. *Las respuestas varían.*

D. *Las respuestas varían.*

➤ Repaso gramatical

A. LEONARDO: Dice que un autobús chocó contra un árbol.
Dice que necesitan ayuda porque hay mucha gente herida.
Dice que llamemos a una ambulancia y a la policía.
Dice que avisemos al vecino del sexto, que es médico.
Dice que llevemos algunas frazadas.
Dice que nos demos prisa.

B.
1. llegue
2. llegó
3. cierren
4. estén
5. interrogaron
6. interroguen
7. sepa
8. supo
9. devuelvan
10. devolvieron
11. hay
12. venga

C. *Las respuestas varían. Ejemplo:* Mi padre comió antes de que llegáramos (nosotros).

D. *Las respuestas varían.*

E. *Las respuestas varían.*

Gitanos

➤ Palabra por palabra / Mejor dicho

A. piscina, más bien, el asunto, cobrar, molesta, desde luego, entradas

B.
1. razón
2. derecho
3. derecho
4. correcta
5. derecho
6. derecha

➤ Repaso gramatical

A.
1. a. Se vive mejor en un pueblo de la costa que en un pueblo del interior.
   b. *One lives better in a coastal town than inland.*
2. a. Yo creo que se aprende mucho aquí.
   b. *I believe that one learns a lot here.*
3. a. ¿Se bebe mucho en tu universidad?
   b. *Do they drink a lot at your university?*
4. a. ¿Se estudia mejor solo o con compañeros?
   b. *Does one study better alone or with others?*
5. a. Aquí uno se acuesta a las 8 de la noche.
   b. *One goes to bed here at 8:00 p.m.*
6. a. Se comía bien en los años ochenta.
   b. *People ate well in the 80s.*

B.
1. reflexivo
2. objeto indirecto
3. impersonal
4. reflexivo
5. impersonal
6. reflexivo

C. *Las respuestas varían.*

Mujer negra

➤ Palabra por palabra / Mejor dicho

A.
1. oler
2. rebelarse
3. padecer
4. olvidar
5. espuma
6. atravesar
7. recordar
8. acordarse

B. *Las respuestas varían. Ejemplo:* Recuerdo bien todos los veranos que pasamos en el campo.

➤ Repaso gramatical

A. mi, la, las, el, mi, la suya, los, mis, míos, mi, la

B. *Las respuestas varían. Ejemplos:*
1. Las mías son IBM.
2. El mío está desordenado.
3. Compré la mía hace un año.
4. Los míos están en el armario.
5. No, la mía está en el sótano.

C. *Las respuestas varían.*

D.
1. No nos sorprendió que hubieran vuelto muy cansados de faenar toda la noche.
2. No sabíamos que los pescadores hubieran recogido las redes.
3. Era posible que debido a un desastre ecológico no hubiera quedado ni un pez vivo.
4. Los periódicos negaron que se hubiera descubierto la causa del desastre marino.
5. Ojalá que hubieran podido evitar la destrucción causada por la marea negra.

E. *Las respuestas varían.*

UNIDAD III: Capítulo 7

Audio

El alquiler barato: la solución

➤ Ya lo sabes
Las respuestas varían.

➤ ¿Te enteraste?

A.
1. c
2. b
3. c
4. b
5. b, c

B.
Las respuestas varían.

UNIDAD III: Capítulo 8

Testimonios de Guatemala

➤ **Palabra por palabra / Mejor dicho**

A. *Las respuestas varían.*

B.
1. aconsejó
2. avisen
3. avisado
4. avisaron
5. aconsejara

C.
1. Siempre hacemos el mismo error.
2. ¿No es su médico el mismo que el tuyo?
3. Se debe tratar igual a los hombres y a las mujeres.
4. Mi novio y yo trabajamos en el mismo restaurante.
5. Tina y Puri escribieron el discurso ellas mismas.

➤ **Repaso gramatical**

A.
1. Mientras yo estaba haciendo los ejercicios de traducción, los demás estaban viendo la televisión.
2. Estaba tan cansado que seguí/estuve durmiendo hasta las tres.
3. Mis compañeros me han estado molestando toda la tarde.
4. No se puede usar la forma progresiva.
5. Esperan que yo continúe aprendiendo mucho en esta universidad privada.
6. Habían estado buscando un regalo para cuando yo me graduara.
7. No se puede usar la forma progresiva.

B. *Las respuestas varían.*

C. *Las respuestas varían.*

D. *Las respuestas varían.*

E.
1. Guadalupe, antes de salir, llámame por favor.
2. Hacer ejercicios por la mañana es una buena idea.
3. El hombre que corría (iba corriendo), desapareció en el parque.
4. El perro que ladraba me asustó.
5. Mañana salimos para Rosario.

Preso sin nombre, celda sin número

➤ **Palabra por palabra / Mejor dicho**

A.
1. sentimiento
2. secuestro
3. jurar
4. asustaron
5. débiles
6. soledad
7. odio

B.
1. sentido
2. la sensación
3. el sentido
4. sentimiento

C. *Las respuestas varían.*

➤ **Repaso gramatical**

A. secuestraron, valieran, trataran, tentaron, había regalado

B. *Las respuestas varían. Ejemplo:* ¿Hay un lugar donde (en el que) pueda descansar un poco?

C. *Las respuestas varían.*

D.
1. desfilásemos
2. sintieses
3. quedasen
4. afeitase
5. vieseis
6. pudiera
7. fueran
8. colgaras
9. siguierais
10. probáramos

E. *Las respuestas varían.*

Pan

➤ **Palabra por palabra / Mejor dicho**

A.

Las respuestas varían. Ejemplo: Nadie puede predecir el futuro.

B.
1. te diste cuenta de
2. realizar
3. me doy cuenta de
4. se haya dado cuenta de
5. realizar
6. Nos hemos dado cuenta de

➤ **Repaso gramatical**

A. *Las respuestas varían. Ejemplo:* Iremos al picnic a no ser que prefieras quedarte en casa y ver la tele.

B. *Las respuestas varían.*

C.

1. Nuestros abuelos se fueron sin que lo supiéramos.
2. Debemos ir al médico hoy a menos que te sientas mejor.
3. Debes invitar a Ricardo para que no se sienta excluido.
4. Con tal que todo el mundo esté aquí a tiempo, pensamos salir para el teatro a las 6.
5. En caso de que llegues a casa antes que yo, por favor, empieza a preparar la cena.

D. mujercita, ahorita, panecito, dibujito, pececito, amarguita, bolita, miguitas, rinconcito
Ejemplo: Pon las bolitas en ese rinconcito.

UNIDAD III: Capítulo 8

Audio

Uno más uno

➤ **Ya lo sabes**

1. John Doe
2. *Las respuestas varían.*
3. *Las respuestas varían.*
4. a. *arms intertwined*   c. *fists clenched*
   b. *body erect*   d. *behind bars*

➤ **¿Te enteraste?**

A.

1. b	3. b	5. d
2. a	4. a, b, c, d	6. a, b, c

B. *Las respuestas varían.*

C. *Las respuestas varían.*

UNIDAD III: Capítulo 9

1976, en una cárcel de Uruguay: pájaros prohibidos / La literatura del calabozo

➤ **Palabra por palabra / Mejor dicho**

A.

1. el elogio = *praise*
2. aliviar = *to relieve, alleviate, ease*
3. un dibujo = *a drawing*
4. a escondidas = *secretly*
5. el/la dibujante = *one who draws, cartoonist*
6. el juego del escondite = *the game of hide-and-seek*
7. el saludo = *salute, greeting*
8. la imagen = *the image*
9. fantasmal = *ghostly, ghostlike*

B. *Las respuestas varían. Ejemplo:* Me parece que hay un fantasma escondido en el armario. ¡Qué miedo!

C.

1. Sólo	4. sólo
2. único	5. únicas
3. sola	

➤ **Repaso gramatical**

A. Para, por, por, Por, Ø, para, para, por

B. para = *in order to*, por = *per*, para = *in order to*, por = *via*

C.

1. ¿Son esos preciosos gatitos para mí?
2. El fantasma fue dibujado por mi hermanita.
3. Por tener miedo de las tormentas, mi perro se escondió debajo de la cama.
4. Carmencita me elogió por mi trabajo.
5. La composición es para la clase del profesor Cruz.
6. ¿Hay verdaderamente alivio para las migrañas?
7. Estaba esperando el autobús cuando pasó mi terapista.

D.

1. Siempre íbamos a algún partido de fútbol los domingos.
2. Yo lo quiero también.
3. Teníamos algo que comer.
4. Ni siquiera Germán se negó a hacerlo.
5. Espero que alguien venga con nosotros.
6. Alguno de mis amigos estará en la biblioteca.
7. A Claudia le gustaba el azul o el rojo.
8. Hoy no vamos a comprarte ningún libro.

E.

1. El nunca quería probar nada nuevo.
2. Ni siquiera Santa Claus estaba contento con la nieve.
3. Esteban compró algunas cintas, pero yo no compré ninguna.
4. Fuimos al cine también.
5. Donaldo siempre decía la verdad también.

Epigrama / Los derechos humanos

➤ **Palabra por palabra / Mejor dicho**

A. ayuno, amenaza, castigar, bofetada, contagiar, desfilar

B. *Las respuestas varían. Ejemplo:* Vamos a ayunar este viernes porque es Viernes Santo.

C.

1. revisando	3. reseñes
2. repasar	4. repasamos

➤ **Repaso gramatical**

A.

1. ind., presente, tienes
2. subj., pasado, te quejaras
3. subj., pasado, dieran
4. subj., pasado, estuvieran
5. subj., pasado, trabajara
6. subj., pasado, hubiera podido
7. ind., pasado, hablaba
8. subj., pasado, hubiera perdido
9. subj., pasado, se hubiera muerto
10. subj., pasado, hubiéramos querido

B. *Las respuestas varían. Ejemplo:* Mi hija y yo iríamos a la Sierra de Guadarrama si quisiéramos respirar aire puro.

C. *Las respuestas varían.*

D.

1. Si yo hubiera ahorrado 100.000 dólares, habría comprado un barco enorme.
2. Habrías gritado también si hubieras visto un tiburón mientras nadabas.
3. Si comiéramos a las 6, podríamos dar un paseo a las 7.
4. ¡Si nos dieran más libertad, nos comportaríamos mejor!
5. Si fuera tú, no discutiría con mis superiores.

E. *Las respuestas varían.*

F. *Las respuestas varían.*

G. *Las respuestas varían.*

Sabotaje

➤ Palabra por palabra / Mejor dicho

A.

1. *The president's actions were inhuman and even horrifying.*
2. *He would leap across the street to caress the dog.*
3. *The man wanted to approach his admirer, but he was afraid of the animal.*
4. *The building collapsed and trapped some of his supporters.*
5. *It isn't strange that no one heard the shot.*
6. *The assassination attempt failed and the president recovered from his wounds in the hospital.*
7. *The police will continue searching for the trail of the saboteurs.*
8. *The president will never bark again.*

B.

1. muerto	5. se muere
2. mató	6. Matarían
3. se murió	7. matar
4. Me muero	8. se muere

➤ Repaso gramatical

A. encontraron, llamaron, creyó, vinieron, vivieron, iban, llegaron/habían llegado, se mezclaron, eran

B. seguía volando = acción en progreso, se inició = principio de una acción, salíamos = acción en progreso, comenzaron = acción que interrumpe otra en el pasado, estaba = descripción de un lugar, se oían = acción en progreso, era = descripción, me había llegado = acción que ocurre antes de otra en el pasado, sentí = principio de una acción, apreté = acción terminada

C. *Las respuestas varían. Ejemplo:* Era medianoche y había luna llena. De repente empezaron a aullar los lobos.

D.

1. En 1937 la ciudad de Guernica fue bombardeada por aviadores alemanes.
2. Pablo Picasso, pintor del "Guernica", es conocido por todos los estudiantes.
3. Esta pintura de Picasso es admirada por todos los turistas que visitan el Museo Reina Sofía.
4. Durante su traslado a este museo el cuadro fue protegido para que no se deteriorara.
5. Picasso no quiso que su obro fuera llevada a España hasta después de la muerte de Franco.
6. El valor de este cuadro ha sido estimado en muchos millones de dólares por los expertos.
7. Una colección de ensayos sobre el "Guernica" será publicada muy pronto.
8. Esta obra ha sido expuesta en muchos museos del mundo.

E. (El Ateneo) fue clausurado. suj. = El Ateneo, verbo = fue clausurado, agente = no mencionado

El Ateneo fue frecuentado por los escritores. suj. = El Ateneo, verbo = fue frecuentado, agente = los escritores "fin de siglo"

En 1924 fueron de nuevo clausuradas las actividades literarias, científicas y artísticas. suj. = las actividades literarias, científicas y artísticas, verbo = fueron clausuradas, agente = no mencionado

F.

1. Todo será hecho por la familia.
2. Esa famosa novela de Cervantes fue leída por toda la clase.
3. Esta canción de Les Luthiers ha sido grabada en los estudios de Hispavox.
4. Nuevas leyes ambientales serán presentadas en un congreso internacional.
5. El extraño objeto volador fue visto por todos.
6. El Alcázar de Segovia fue construido hace muchos siglos.

G. *Las respuestas varían.*

H.

1. Las calles están ahora inundadas.
2. Los bomberos y la Cruz Roja ya están avisados.
3. Algunas casas ya están protegidas con sacos de arena.
4. Los problemas causados por la lluvia no están resueltos todavía.
5. Las calles ya están barridas.
6. La decisión de mudarnos de estado ya está tomada.

I.

1. fueron/han sido/son
2. estaban
3. será/había sido/son
4. están
5. ser

Un día en la vida

➤ Palabra por palabra / Mejor dicho

A.

1. tener la culpa	4. desde
2. pecado	5. averiguar
3. mejorar	

B. *Las respuestas varían. Ejemplo:* En mi opinión, mentir es un pecado.

C.
1. No me importa si viene con nosotros o no.
2. ¿Desde cuándo te gusta comer espinacas?
3. El jurado decidió que Gervasio no tenía la culpa.
4. Estábamos muy contentos de que la herida no fuera grave.

➤ **Repaso gramatical**

A.
1. La
2. Ø
3. los
4. El
5. Ø, el
6. El, la
7. El
8. El

B. las, el, El, la, el, Ø, los, los, la, las, del, los

C.
1. *On Monday we went to the market.* Razón: Día de la semana, mercado = sitio específico
2. *The barber shaved his beard.* Razón: el barbero = persona específica, la barba = parte del cuerpo
3. *The old people and women were crying over Margarita's death.* Razón: sustantivos genéricos, la muerte = una muerte específica
4. *Today is Saturday and tomorrow is Jasmin's party.* Razón: no se usa cuando sólo identifica el día de la semana, la fiesta = una fiesta específica
5. *I need cups. Can you go to the store for them?* Razón: cantidad indeterminada, la tienda = sustantivo específico
6. *In my hometown, men put on their berets before going out.* Razón: hombres = sustantivo genérico, la boina = prenda de vestir, singular porque cada hombre tiene solamente una cabeza
7. *Charles I of Spain is better known as Charles V, emperor of Germany.* Razón: No se usa el artículo con el número de reyes.

D.
1. no, porque no se usa antes de cien
2. no, porque no se usa antes de afiliación política y detrás de ser
3. no, porque no se usa después de media; unos para indicar *some, a few*
4. no, porque no se usa después de sin
5. unos porque su profesión va modificada

E.
1. Si no es ni argentino ni colombiano, ¿es Ud. peruano?
2. Ayer Jorge comió cien aceitunas y media docena de ostras.
3. Siempre llevo paraguas conmigo en abril porque es cuando llueve tanto.
4. El Papa, Juan Pablo II, visitó Cuba este año.
5. Los sábados asistimos a la escuela hasta la una.
6. Después de que te seques el pelo, ponte los vaqueros y saldremos a dar un paseo.
7. Dicen que Victoria es una cocinera excelente.
8. Viajaron por toda Europa sin coche.

F.
1. Dudábamos que Rosita y Enrique hubieran huido de Guatemala juntos.
2. No era posible que Rosita recibiera/hubiera recibido tratamiento médico gratis en el hospital.
3. Nos sorprendió que al final de la película Enrique decidiera no ir a Chicago.
4. No nos gustó que Javier nos contara el final de la película.
5. Es muy probable que vayamos a alquilar el vídeo ahora mismo.

G.
1. quiera
2. comprendiera
3. interrumpiera
4. vuelva
5. elijan
6. ocurra
7. recordáramos
8. se aburra

H.
1. asistir
2. puedan/hayan podido
3. vigilan
4. utilizar
5. encuentras
6. sean
7. hubiera
8. venga/haya venido
9. recibir
10. se exiliaran/se hayan exiliado

I. *Las respuestas varían.*

J.
1. Teresa se quedará con él hasta que él se recupere.
2. Es maravilloso que sus dos hijos tengan tanto éxito.
3. ¿Conocías a alguien que se hubiera atrevido a hacer eso?
4. Es verdad que hay más de una opción.
5. Los economistas no niegan que la situación es peligrosa.
6. No te lo dije para que no te preocuparas.
7. Por favor, llámalos tan pronto como llegues a casa.
8. Creemos que ellos se engañan a sí mismos.

UNIDAD III: Capítulo 9

Audio

Los comedores de la solidaridad

➤ **Ya lo sabes**
Las respuestas varían.

➤ **¿Te enteraste?**

A.
1. b
2. b
3. d
4. c
5. d

B. *Las respuestas varían.*

El texto libre de prejuicios sexuales

➤ **Palabra por palabra / Mejor dicho**

A. *Las respuestas varían.*

B.
1. periódico, diario
2. hacía, desempeñaba el papel
3. papel
4. trabajo
5. papel
6. periódicos, diarios
7. trabajo
8. papel

➤ **Repaso gramatical**

A.
1. La buena noticia fue celebrada por todos. *The good news was celebrated by everybody.*
2. Un concierto de rock será organizado por un grupo de jóvenes. *A rock concert will be organized by a group of young people.*
3. Los campeones de la liga de fútbol van a ser recibidos por el alcalde de Salamanca. *The winners of the soccer league championship are going to be received by the mayor of Salamanca.*
4. Lamento que su equipo haya sido eliminado por los jueces. *I am sorry that your team has been disqualified by the judges.*
5. La palabra "hombre" ha sido utilizada por los filósofos con sentido universal. *The word "man" has been used with universal meaning by philosophers.*

B.
1. No se considera a las mujeres seres inferiores. *Women are not considered inferior beings.*
2. Se van a redefinir los papeles de la mujer y del hombre. *Male and female roles are going to be redefined.*
3. ¿Por qué se deben evitar las comidas picantes? *Why should spicy foods be avoided?*
4. En español, se reserva el género femenino para trabajos poco prestigiosos. *In Spanish, the female gender is reserved for jobs lacking prestige.*
5. Se ha invitado al señor Cuervo y a la señora Aguilar. *Mr. Raven and Ms. Eagle have been invited.*

C.
1. se obtiene una pasta, *a paste is obtained*
2. se extrae la mantequilla de cacao, *cocoa butter is extracted*
3. se produce el polvo de cacao, *cocoa powder is produced*
4. se obtienen tabletas de chocolate, *chocolate bars are obtained*
5. se produce (la planta del cacao), *it is produced (the cacao plant)*
6. se cultiva (la planta del cacao), *it is grown (the cacao plant)*

Se ha usado esta estructura con **se** (1) porque no se menciona el agente, y (2) porque el sujeto es una cosa, no una persona.

D. *Las respuestas varían, pero hay que usar **se** + verbo en tercera persona.*

E. *Las respuestas varían.*

La princesa vestida con una bolsa de papel

➤ **Palabra por palabra / Mejor dicho**

A.
1. cuento de hadas
2. milagros
3. rastro
4. ¡Claro que sí!
5. aliento
6. encanta
7. moraleja

B.
1. quería o amaba
2. encantan
3. deseaba
4. le encantaba
5. le encantan
6. quería o amaba

C.
1. modo
2. modales
3. manera
4. De modo o manera que
5. De cualquier modo o manera
6. de modo o manera que
7. modales

➤ **Repaso gramatical**

A. estaba, fue, iba, llegó, dijo, quería, era, podía, volvió, miró, gritó

B. *Las respuestas varían.*

C. En las primeras estrofas *(stanzas)* en las que el verbo está en presente (está, lleva, te voy, se parecen, cortan, son), el poeta está hablando directamente a Margarita. Utiliza los tiempos del pasado cuando está contando el cuento. Imperfectos: tenía, era, quería, hacía, era, iba, se miraba, mentía; pretéritos: vio, quiso, se fue, siguió, estuvo, dijo, hallé, dijo, fui, hubo, fui, fui, ofrecí. El poeta vuelve a utilizar el presente dentro del cuento cuando presenta la escena del encuentro/ diálogo entre el padre y la hija: ve, clama, va, dice, dice, has de tener, vas, se entristece, aparece, dice, son, piensan, viste, hace, está, tiene, lucen. Este uso del presente en los cuentos es frecuente en muchas lenguas. Lo que se intenta lograr con su uso es hacer que los hechos sean más inmediatos, cercanos a la persona que escucha. El pasado nos distancia de los hechos, mientras que el presente nos los acerca.

D. *Las respuestas varían.*

E.
1. La leona es la reina de la selva.
2. Nuestras esposas iban montadas en caballos andaluces.
3. Los hombres visitaron a sus madres presas.
4. Esa actriz inglesa hizo el papel de una emperatriz francesa.
5. Las hembras de esta especie animal son peligrosísimas.
6. En los impresos en español la V significa varón.
7. No se puede cambiar.

F.
1. *focus — seal (animal)*
2. *middle, half — the stocking, average*
3. *right — right hand/side*
4. *short story, tale — bill*

5. *book — pound*
6. *orange tree — orange (fruit)*
7. *dish, plate — silver*
8. *way — fashion*
9. *bullring — wheel*
10. *match (with sports) — match (with games), departure*

G. *Las respuestas varían.*

Palabreo

➤ Palabra por palabra / Mejor dicho

A.
1. solicitud
2. ternura
3. atentos
4. hermosos
5. aplicar
6. burgueses
7. solicitas
8. tiene razón

B. tierno/a, hermosura, burguesía, atención, razonable

C.
1. cuestión
2. preguntas
3. preguntas
4. cuestión
5. cuestión

➤ Repaso gramatical

A.
1. lo
2. les
3. la
4. se la
5. se lo/te lo
6. te
7. les
8. los
9. la, la
10. los

B.
1. Voy a ir a visitarte...
2. De verdad que no te recuerdo.
3. No, no lo he llamado.
4. Si viera a alguien famoso, le diría...
5. Las tengo guardadas en...
6. Sí, se lo di./No, no se lo di.
7. Sí, los conozco bien./No, no los conozco bien.
8. Sí le gustaban./No, no le gustaban.

C.
1. La vi, pero (ella) no me vio.
2. ¿El trabajo anunciado en el periódico? No deben solicitarlo.
3. Estoy muy cansada, Arantxa. Tú, ¿no lo estás también?
4. ¿Quién le dijo que esperara? No lo sé; no fui yo.
5. Giovanna y Marcela, ¿sois/son italianas? —Sí, las dos lo somos.
6. Te, Lo/La (Ud.) estamos esperando.
7. Sabía que no iban a pagarla.
8. A ella le gusta (la natación/nadar) y a mí también.
9. Simplemente dánoslo (tú), dénoslo (Ud.).

D. *Las respuestas varían, pero tiene que ser algo muy doloroso (painful).*

E.
1. Objetos directos: <u>la</u> ves, poseer<u>la</u>, <u>la</u> compras. Sustituyen a "obra de arte"
2. Objeto directo: <u>lo</u> hace. Sustituye a toda la cláusula anterior.
3. Complemento (atributo): ser<u>lo</u>. Sustituye a "mujer". Con el verbo "ser" siempre se usa "lo". Comentario: *Las respuestas varían.*

UNIDAD IV: Capítulo 10
Audio

El machismo

➤ Ya lo sabes
Las respuestas varían.

➤ ¿Te enteraste?

A.
1. d
2. b
3. a, b, d
4. a, d
5. a

B. *Las respuestas varían.*

UNIDAD IV: Capítulo 11

Eva

➤ Palabra por palabra / Mejor dicho

A. *Las respuestas varían. Ejemplo:* Como el niño ha nacido sin enfermedades congénitas, todos estamos mucho más aliviados.

B.
1. criarlos
2. cultivábamos
3. educaron
4. crecido
5. creado
6. educaron

C.
1. a. *teacher*
   b. *Ministry/Department of Education*
   c. *educational*
   d. *well-mannered*
2. a. *raising, rearing, breeding, upbringing*
   b. *well-mannered or spoiled, bad-mannered, brat*
   c. *boy, girl, kid*
   d. *a child, a creature, a baby*
3. a. *growth*
   b. *increasing, growing*
   c. *exceeding all estimates, with interest*
   d. *hair-growing lotion (against baldness)*
4. a *grower, planter*
   b. *cultivation, farming, growing, crop*
   c. *cultivable*
   d. *educated, learned*

➤ **Repaso gramatical**

A.

1. que
2. las cuales
3. cuyos
4. quien

5. quienes
6. cuyas
7. quién
8. lo cual

B.

1. Contrataron al candidato que tenía excelentes referencias.
2. Las jugadoras no toleran a ese entrenador cuyos comentarios son sexistas.
3. Juan Alberto siempre nos critica todo lo que hacemos, lo cual me molesta mucho.
4. Mi hermana, la que acaba de tener una niña, me llamó.
5. Sofia y Carmen, quienes se conocieron hace dos días, salieron juntas.

C. *Las respuestas varían.*

D. Quizás hayas observado que en español las oraciones suelen ser más largas que en inglés. El uso de cláusulas de relativo permite unir oraciones hasta el infinito.

E. *Las respuestas varían.*

La Malinche

➤ **Palabra por palabra / Mejor dicho**

A. *Las respuestas varían.*

B.

1. soportar o sostener
2. mantienen
3. Apoyáis
4. aguanta o soporta o tolera
5. apoyar

C. *Las respuestas varían.*

➤ **Repaso gramatical**

A. *Las respuestas varían, pero hay que utilizar el pluscuamperfecto de subjuntivo en todas ellas.*

B.

1. Si no estuviera haciendo este ejercicio, ahora estaría...
2. Si no bebiera Coca-Cola, bebería...
3. Si no estudiara en esta universidad, estudiaría en...
4. Si pudiera vivir en un país hispanohablante, viviría en...
5. Si me permitieran cambiar algo de mi apartamento, cambiaría...

C. *Las respuestas varían, pero en la cláusula con si hay que usar el imperfecto o el pluscuamperfecto de subjuntivo.*

D. *Las respuestas varían.*

E. *Las respuestas varían.*
1. *This cheese smells as if . . .*
2. *. . . as if he/she had not gone to bed.*
3. *. . . as if I did not care.*

4. *Monserrat drives as if . . .*
5. *. . . as if they had done/made it.*
6. *My friend Estrella dresses as if . . .*

F.

1. *That schoolmate and I do not talk to each other.* (recíproca)
2. *They left and did not say good-bye to anybody.* (reflexiva)
3. *What a coincidence! My sister and I will get married next summer.* (reflexiva)
4. *Good friends will never betray each other.* (recíproca)
5. *But, how come you two don´t get along?* (reflexiva)

G.

1. los unos en los otros
2. las unas a las otras
3. la una del/por el otro
4. los unos por las otras
5. la una de la otra
6. el uno al otro

H. *Las respuestas varían, pero hay que emplear **se** o la expresión **el uno al otro** (o una de sus variantes).*

El arte de Remedios Varo

➤ **Palabra por palabra / Mejor dicho**

A.

1. "Autorretrato" es el retrato de una persona hecho por ella misma y "retrato" es la pintura que representa a una persona que no es el/la pintor/a
2. "Patrocinar" significa *to sponsor* y "subvencionar" *to subsidize*
3. "Cuadro" es el lienzo pintado y "marco" es lo que rodea al lienzo *(frame)*
4. "Exposición" es la presentación pública de obras de arte y "exhibición" significa mostrar en público, pero no obras de arte
5. "Pincelada" es el trazo o golpe que el/la pintor/a da con el pincel y "pincel" es el instrumento que se usa para pintar
6. "Herencia" es el conjunto de bienes, derechos y obligaciones que, al morir una persona, pasa a sus parientes; "heredar" es dar a otra persona posesiones o recibirlas y "heredero/a" es la persona a quien le corresponde una herencia
7. "Pintora" es la mujer que pinta y "pintura" es el arte de pintar o el cuadro pintado
8. "Lienzo" es la tela donde se pinta y "obra" es la cosa hecha o producida por el/la pintor/a.

B.

1. Me niego a
2. rechazan
3. te negaste a
4. se negará a

5. no quisiste
6. rechazar
7. se niegan a
8. no quisieron

➤ **Repaso gramatical**

A. a.- 7, b. - 4, c.- 2, d. - 5, e. - 1, f. - 6, g. - 3

B. verde (pospuesto al sustantivo porque es un adj. calificativo o descriptivo), chino (adj. calificativo, "verde" va delante porque está más unido a "té" que a "chino"), cancerosos (adj. calificativo/descriptivo), último (antepuesto porque es un adj. determinativo, numeral), científica (adj. calificativo/descriptivo), estadísticos (adj. calificativo/descriptivo), ese (adj. determinativo), químico (adj. calificativo/descriptivo)

C. detallista, pálida, clara, azul, primer, alargada, mecánico, desnudo, largo, ceñido, derretido, tercer, relativo, elástico, personal

D.
1. estuvieron peleando
2. hayan estado pensando
3. andaba o iba haciendo
4. sigue o anda o continúa buscando
5. se habrán ido o andado quejando
6. habríamos estado viviendo

UNIDAD IV: Capítulo 11

Audio

La Monja Alférez

➤ Ya lo sabes
Las respuestas varían.

➤ ¿Te enteraste?

A.
1. c
2. b
3. a, b, c
4. a, c
5. d

B. *Las respuestas varían.*

UNIDAD IV: Capítulo 12

La vuelta a casa

➤ Palabra por palabra / Mejor dicho

A. *Las respuestas varían.*

B.
1. nos parece
2. parece
3. parecía
4. aparece
5. apareces
6. nos parecemos
7. Les parece
8. le pareció

C.
1. retira
2. se jubilaron
3. nos retiraremos
4. retirar
5. se retiró

➤ Repaso gramatical

A. *Las respuestas varían.*

B. *Las respuestas varían.*

C. *Las respuestas varían.*

D. Evite (Ud.), evitar; coma (Ud.), comer; cepíllese (Ud.), cepillarse; use (Ud.), usar; acuda (Ud.), acudir

E.
1. luchan
2. abolieron o se abolió
3. coqueteaba
4. tratáis
5. se divorciaron

F.
1. hacer la tarea, le haré algunas preguntas
2. hacer un viaje, hacer las maletas
3. hizo daño
4. hacer las camas, hacer la comida
5. hacer el papel

G. *Las respuestas varían.*

H. *Las respuestas varían.*

La brecha

➤ Palabra por palabra / Mejor dicho

A.
1. parto
2. más vale... , que
3. pañales
4. dar a luz
5. así
6. luna de miel
7. arreglárnosla
8. riesgos
9. dar a luz
10. parto

B.
1. avergonzada
2. embarazadas
3. embarazosa
4. vergonzoso
5. embarazosas

C. entonces, entonces, Entonces, Entonces, después o luego

➤ Repaso gramatical

A. *Las respuestas varían.*

B. *Las respuestas varían.*

C. *Las respuestas varían.*

D.
1. para no volver — después de una preposición
2. quiero llorar — después de un verbo conjugado
3. sin querer — después de una preposición

E. *Las respuestas varían.*

F.
1. Están sentadas en un banco y están leyendo. *They are sitting on a bench and reading.*
2. Está echada en la arena de la playa y está leyendo. *She is lying on the sand and reading.* En español los primeros verbos presentan estados y los segundos acciones.

3. Están de pie o parados y están hablando. *They are standing and talking.*
4. Están sentadas y están hablando. *They are sitting and talking.*

G.
1. exigiendo, exigente, que exige
2. agradando, agradable, que agrada
3. fumando, fumador, que fuma
4. revelando, revelador, que revela
5. amando, cariñoso, que ama
6. irritando, irritante, que irrita
7. avergonzando, embarazoso, que avergüenza
8. creciendo, creciente, que crece

Medidas contra el aborto

➤ Palabra por palabra / Mejor dicho

A.
1. la propuesta
2. la violación, al aborto
3. el aborto
4. quitar
5. desgraciado/a
6. suponer
7. por otra parte
8. el embarazo
9. la violación
10. sacar
11. oprimido/a
12. quitarse

B.
1. encantar
2. respetar
3. parir
4. defender

C. *Las respuestas varían.*

➤ Repaso gramatical

A.
1. por
2. Para
3. por
4. por
5. Para
6. para
7. para
8. para
9. por
10. para
11. por
12. Para, por
13. por, para
14. por

B.
1. por eso = expresión con **por,** *for that reason*
2. por causa excepcional = *because of*
3. inadecuación para todo trabajo = propósito
4. por completo = expresión con **por,** *completely*
5. para poder satisfacer = significa *in order to*

C. *Las respuestas varían.*

D.
1. c, verbo de emoción (quiere) en el presente
2. b, expresión con "hace"
3. a, cláusula condicional en el presente
4. d, cláusula adverbial de tiempo en el pasado
5. b, verbo de petición (sugerir) en el pasado
6. c, la cláusula subordinada está en el pasado, así que la principal también debe estarlo
7. b, la cláusula principal está en el pasado; no se usa el subjuntivo después de "pero"
8. c, expresión impersonal en el presente
9. a, el mismo sujeto (preferir, nacer)
10. d, cláusula condicional en el pluscuamperfecto de subjuntivo

E. *Las respuestas varían.*

F. *Las respuestas varían.*

UNIDAD IV: Capítulo 12

Audio

La superpoblación

➤ Ya lo sabes
Las respuestas varían.

➤ ¿Te enteraste?

A.
1. c
2. c
3. b
4. a
5. a

B. *Las respuestas varían.*